与儿子的
关键对话法

[韩]孙京伊 | 著　李成国 | 译

图字：01-2023-1578

Original Title：아들과의대화법
How to Talk to Your Son by Son Kyung-yi
Copyright © 2021 Son Kyung-yi
All rights reserved.
Original Korean edition published by Gilbut Publishing Co., Ltd., Seoul, Korea
Simplified Chinese Translation Copyright © 2024 by People's Oriental Publishing and Media Co., Ltd./The Oriental Press
This Simplified Chinese Language edition published by arranged with Gilbut Publishing Co., Ltd. through Arui SHIN Agency &Qiantaiyang Cultural Development (Beijing) Co., Ltd.
No part of this publication may be reproduced, stored in a retrieval system, or transmitted by any means, electronic, mechanical, photocopying, recording or otherwise, without the prior permission of the copyright holder.

图书在版编目（ＣＩＰ）数据

与儿子的关键对话法 /（韩）孙京伊著；李成国译. —北京：东方出版社，2024.1
ISBN 978-7-5207-3623-7

Ⅰ.①与… Ⅱ.①孙…②李… Ⅲ.①家庭教育 Ⅳ.①G78

中国国家版本馆CIP数据核字（2023）第171815号

与儿子的关键对话法
（YU ERZI DE GUANJIAN DUIHUAFA）
[韩]孙京伊/著　李成国/译

策划编辑：	鲁艳芳
责任编辑：	王晶晶
出　　版：	東方出版社
发　　行：	人民东方出版传媒有限公司
地　　址：	北京市东城区朝阳门内大街166号
邮政编码：	100010
印　　刷：	北京明恒达印务有限公司
版　　次：	2024年1月第1版
印　　次：	2024年1月北京第1次印刷
开　　本：	880毫米×1230毫米　1/32
印　　张：	7.375
字　　数：	128千字
书　　号：	ISBN 978-7-5207-3623-7
定　　价：	49.80元

发行电话：（010）85924663　85924644　85924641

版权所有，违者必究
如有印装质量问题，我社负责调换，请拨打电话：（010）85924725

目录

前言 1 | 送给为和儿子成为朋友而不断努力的爸爸妈妈 ·················· 1

前言 2 | 妈妈通过对话,能完成所有角色 ································· 5

第 1 章

看看儿子的脑中在想什么
——总是出现分歧的妈妈和儿子的对话

- 01 身为女人的妈妈 VS 身为男人的儿子 ························· 2
- 02 提高分贝的妈妈 VS 紧闭嘴巴的儿子 ························· 6
- 03 看儿子脸色的妈妈 VS 无视妈妈的儿子 ······················ 10
- 04 担心儿子学习情况的妈妈 VS 心态平和的儿子 ············· 14
- 05 教育儿子有负担的妈妈 VS 不适应新角色的儿子 ··········· 18

第 2 章

妈妈改变说话方式，儿子就会敞开心扉
——与儿子对话的 6 个原则

- **01** 关系对话的 6 个阶段原则 24
- **02** 拓展对话的视野 31
- **03** 形成对话的纽带 34
- **04** 掌握对话的关键核心 38
- **05** 内心认可 42
- **06** 放下负担 45

第 3 章

妈妈细致入微的对话，成就善于表达的儿子
——让儿子成长为真正男子汉的 5 种对话方法

- **01** 唤醒儿子表现能力的对话 52
- **02** 唤醒儿子共鸣能力的对话 56

- 03 唤醒儿子恢复力的对话 ………………………… 60
- 04 唤醒儿子自尊感的对话 ………………………… 66
- 05 唤醒与儿子相互尊重的对话 …………………… 70

第 4 章

母子充满尊重的对话，让儿子变成一生的朋友
——与幼儿期的儿子分情景对话的方法

- 01 送给说谎的儿子 ………………………………… 76
- 02 送给挑食不爱吃饭的儿子 ……………………… 80
- 03 送给对自己的东西有执念、不肯让步的儿子 … 85
- 04 送给吵闹着要东西的儿子 ……………………… 89
- 05 送给不愿与上班的妈妈分开的儿子 …………… 94
- 06 送给因被妈妈教训而垂头丧气的儿子 ………… 98
- 07 送给讨厌学习的儿子 …………………………… 102
- 08 送给凡事必须超过朋友才开心的儿子 ………… 105

- **09** 送给对性器官感兴趣的儿子 **108**
- **10** 送给总是偷看妈妈洗澡的儿子 **113**
- **11** 送给讨厌去医院的儿子 **117**
- **12** 送给讨厌"女孩子颜色"的儿子 **120**

第 5 章

与妈妈的对话,让儿子的成长更上一层楼
——与小学生儿子进行分情景对话的方法

- **01** 送给想要欺骗妈妈的儿子 **126**
- **02** 送给说脏话的儿子 **129**
- **03** 送给希望妈妈能再漂亮一些的儿子 **133**
- **04** 送给不想去辅导班的儿子 **138**
- **05** 送给询问死亡的儿子 **143**
- **06** 送给只用"没什么""没有"等进行简短回答的儿子 **147**
- **07** 送给想随心所欲穿衣服的儿子 **151**

- 08 送给沉迷于手机的儿子 156
- 09 送给沉迷于游戏的儿子 160
- 10 送给喜欢刺激性网络视频的儿子 165
- 11 送给问自己家有多少钱的儿子 168
- 12 送给习惯性拖延的儿子 172
- 13 送给对社会问题敏感的儿子 175
- 14 送给更喜欢与女孩子玩的儿子 178
- 15 送给与朋友吵架的儿子 182
- 16 送给没有几个朋友的儿子 186
- 17 送给因为老师而伤心的儿子 191
- 18 送给不爱说心里话的儿子 195
- 19 送给欺负女孩子的儿子 199
- 20 送给有喜欢的女孩子的儿子 203
- 21 送给开始叛逆的儿子 208
- 22 送给发表"仇恨言论"的儿子 212
- 23 送给开始梦遗和遗精的儿子 216

前言 1

送给为和儿子成为朋友
而不断努力的爸爸妈妈

孙尚珉的妈妈　**孙京伊**

大家好,我是关系教育研究所代表,孙京伊。

结婚以后,也就是从儿子出生开始,我苦恼了很长一段时间——我的父亲是一位大男子主义思想的实践者,作为家中长女,我在父亲男性优越主义、重男轻女思想的熏陶下"艰难"地成长。但是,在儿子出生后,我想把他培养成一个优秀的人,一个懂得体谅妈妈和他人心灵的人;还想让他与我成为比爱人关系更好的挚友、比女儿关系更近的儿子。因为爱和信任,我想和儿子进行长期愉快的交流,所以更想和儿子建立一种平等的交流关系。

由于没能在父母那里学习到与儿子友好相处的方法,再加上儿子是与我完全不同的个体小男孩，所以刚开始时我也很迷茫。但是，我从与儿子的对话中找到了方法。在努力学习父母对子女教育的过程中，我重点学习了对话的技巧。在具体实践中，我反复徘徊在成功与失败之间，从中确切地了解到了儿子的性格和我的价值观。在此过程中，我建立了独属于自己的原则，也确立了"与儿子的对话应该是这样的"模式。

通过不断的努力，不知从什么时候开始，我和儿子的关系在周围人的眼里既独特又很令人向往。经常会有网友问我，如何才能自然地和儿子进行关于性的对话，我回答这样的问题都得益于与儿子的日常对话。所以，后来也有人称我们母子为"51世纪型妈妈与儿子"。因为取得了较好的反响，所以才能鼓起勇气出版这本关于与儿子对话的技巧的书。

在日常生活的众多关系中，最基础的便是父母和子女的关系。与儿子建立良好的关系，更是全天下妈妈们的共同愿望。尤其是现在，随着性别平等成为全社会重点关注的话题，许多妈妈都想与时俱进，更好地养育儿子。

现在仍有许多妈妈因为儿子伤心苦恼，时常问自己"是我不正常，还是儿子不正常？"究其原因，是性别不同，所以很难维持较好的母子关系。

导致母子关系恶化的主要原因是缺乏对话。儿子越大，对话就越少，在一起的时间和回忆也就越少，妈妈和儿子的关系逐渐变得冷淡。

这本书包含了怎样与儿子对话的方法和通过对话拉近与儿子精神层面、物质层面距离的方法。这本书中有许多案例，既有我与儿子经历过的事情，也有我在担任咨询师时，遇到的具体事例，这些经当事人同意后收录在此书。

目前，我的儿子已经 26 岁了。在此我想和大家一起分享，曾经我为了能和儿子对话所付出的努力，希望能对大家有所帮助。各位，不管你们的儿子多大，从当下开始进行对话，也为时不晚。我相信，各位妈妈的真诚、努力、信任，终将得到回报。因为，在最艰难的时候，我也没有失去这种信念。

让我们一起努力吧！为了我们的儿子，为了缩小与儿子的代沟和性别差异，从现在开始学习与儿子的对话法，从现在开始耐心地与儿子对话吧。这样一来，不知不觉间，我们就能和儿子变成朋友，儿子也学会了体谅妈妈。为了和妈妈友好地相处，儿子也会更加努力。

儿子长大后会成为他人的人生伴侣，也会成为爸爸。所以现在我们为与儿子的关系而付出的努力，终将会使儿子的未来，我们所有人的未来，变得更加幸福。

有一天，我问儿子："妈妈是不是比你更优秀？"儿子回答道："我从与妈妈的对话中，很好地学会了与人相处的道理，树立了正确的价值观。这些，都得益于妈妈的教诲，我才成为比妈妈更优秀的儿子。只有儿子比妈妈更优秀，世界才会变得更加美丽，不是吗？"

即将要读这本书的妈妈们，养育男孩的监护人们，未来想成长为更加优秀的儿子们，我们一起加油努力吧。还有，我想把这句话转赠给与我一起创作这本书的儿子——

"亲口说出尊敬妈妈的儿子，欣然改为妈妈姓的儿子，让我们一起幸福快乐地生活吧。我爱你！尚珉，以后也请你多多关照！"

前言 2

妈妈通过对话，
能完成所有角色

孙京伊的儿子　**孙尚珉**

读完这本书，大家就会知道，我并不是一个优秀的人。现在的我，也经常像小时候一样，重复着同样的错误。正因为这样，我更要自信地向各位推荐我妈妈写的这本书。

如果我生来就有良好的品德和人格的话，就不会体会到妈妈对我的教育是如此成功。我小时候是个很爱说谎、粗心大意，而且还马虎的孩子。从妈妈为我的成长而苦恼，以及她为了更好地养育我，进而努力学习关于子女教育方面的知识来看，我可以负责任地跟大家说，我不是一个好儿子。

我之所以能够茁壮成长，是因为身旁有人支撑着摇摇欲坠的我；

当我深受失败打击的时候,同样有人在身旁不断地鼓励我;当我犹豫彷徨的时候,身旁也总能有人默默地倾听我所有的苦恼。这个人就是我的妈妈。妈妈通过对话完成了她所能扮演的所有角色。

在这本书里,有我和妈妈一起经历的各种事例。我希望各位妈妈、爸爸能够重点关注。妈妈为祝贺我的身体变化而精心准备了尊重派对,而我也为妈妈准备了绝经派对。我认为这件事是我和妈妈的关系当中,极为重要的一件事。

描述不称职父母的词语,一般有"保守""强迫""放任""盲目"等。天下的妈妈都是一样的。一开始,我的妈妈也不是那么称职。所以我觉得孙京伊虽然不是完美的妈妈,但我可以保证一点——她非常善于沟通,知道如何与我对话。从小时候开始,正是因为受到妈妈的这种熏陶,我才能成长为善于跟妈妈沟通的儿子。

母子间的相互尊重是进行友好对话的基础,仅凭这一点我认为就可以解决很多问题。尤其是小时候,和妈妈进行真诚的对话,真的可以带来巨大的积极影响,因为我亲身体验过。如果没有互相尊重的前提,与妈妈维持着想当然的关系,在我成长过程中,必然会遇到很大的困难。

我和妈妈的关系,不能说是完全正确的,但我相信各位读者,通过认真阅读我和妈妈的对话，会得到一些启发。从我和妈妈的对话中，您会注意到妈妈和儿子的对话过程、如何抚养儿子等一些重要问题，从而掌握什么时候和儿子对话、如何对话等。我和妈妈并不是只经历过美好的事情，我们与许许多多的母子一样，也一起经历过不好的事情、伤心的事情。每当遇到这种情况的时候，我和妈妈都会通过对话来解决问题。希望这些方法能对您有所帮助。

请多关注我和妈妈的故事。

谢谢。

第 1 章

看看儿子的脑中在想什么
——总是出现分歧的妈妈和儿子的对话

01 身为女人的妈妈 VS 身为男人的儿子

后天培养的差异，比先天差异更大

许多妈妈向我诉苦说："完全无法和儿子进行对话。""明明是我亲生的孩子，为什么和我这么不一样呢？"

其实，不一样才是理所应当的。即使是我们怀胎十月、含辛茹苦养大的孩子，也是跟我们不一样的。这是因为孩子有自己独立的想法和独特的个性，是不同于我们的独立个体，所以我们才给他们取名字，不是吗？拥有独属于自己的名字，就意味着他是独特的存在。

更何况，妈妈和孩子之间有一条叫作"代沟"的宽阔而深邃的河流。妈妈自己可能会自信地说，"我很了解孩子们在想什么""我老了以后，不会成为喋喋不休的人"，等等。但即便如此，不可否认的事实是，妈妈们已经成为老一代，孩子们则是新生代。随着当代社会日新月异的发展，妈妈和孩子之间的代沟必然会扩大。

孩子进入青春期之后，代沟就更加明显了。在此之前，孩子比较听妈妈的话，但是一进入青春期，他们则开始抗拒妈妈。他们开始发出自己的声音，表达自己的意图，这使得不少妈妈惊慌失措。

"那是妈妈的意愿！不是我的想法。"

"妈妈，您为什么总想替我做决定！"

……

如果只考虑这些的话，无关孩子的性别，世上所有妈妈的郁闷程度，应该是大同小异的。可事实却并非如此。当然，有女儿的妈妈们也许会因与孩子对话相对容易而烦恼较少；但就总体而言，有儿子的妈妈们压力更大、更加苦恼，这是不争的事实。

有儿子的妈妈们读这本书时，大概会这么说——

"因为我是女人，儿子是男人，所以才那样，对吗？"

是的，归根结底是因为性别差异。有些妈妈或许会直截了当地这么说——

"女人和男人肯定有差异啊，连大脑结构都不一样，能聊到一块儿才奇怪呢！"

作为一名性教育讲师和父母教育讲师，我讲性别差异会比别人更加谨慎一些。从以往的历史来看，"男女不同"可延伸为"男性比女性更加优秀"，最终归结为"所以优待男性是理所应当的"。现在这种说法比过去少了很多，但不可否认，这种根深蒂固的观念在我们的社会中仍然存在。

当前关于性别差异的讨论受到各界的广泛关注。有些人主张，性别差异是夸大其词，不符合实际情况。在科学界，随着女性科学家的贡献越来越大、社会参与程度越来越深，便陆续出现了认为过去强调性别差异的研究是违背客观规律的报告。

经常有人会问我："孙京伊老师，您对性别差异持什么观点，您认为人生下来就没有性别差异吗？"我通常会这样回答："我不否认性别差异。每个人都有不同于他人的性格，但大体上，男女与生俱来的特性是客观存在的。"

我认为后天铸就的性别差异比先天客观存在的性别差异更为重要。也就是说女儿会比刚出生时更加"女性化"，儿子比刚出生时更加"男性化"。从广义上来看，我认为这就是时代和文化的差异。

在很多国家，"女性就应该这样，男性就应该那样"的标准特别强。我们从小到大，至少应该听过一次或多次这样的话——"你只是个女孩……"，等等。

即使是妈妈从小带大的儿子，也会通过外界或媒体等，学习怎样才能更像"男人"。很多情况下，妈妈们也会教儿子，怎样才像"男人"。您有没有对儿子说过这样的话——

"要像男子汉一样勇敢。"

"嘿！这不像男人。"

即便嘴上没有这么说，但那种"因为你是男孩，就应该这样"的无意识的人为设定也会给儿子造成一定影响。虽然妈妈没这么说，但是聪明的儿子往往都能听懂这一层意思。

所以我想为抚养儿子的妈妈们奉上这句话——我们要勇于承认性别差异，母子之间会存在较大的差异，但要认识到这种性别差异，有很大一部分是社会因素造成的。

只有这样，我们才能避免出现下面这种情况——"唉，和儿子无法沟通是正常的，性别不同能有什么办法？"

我希望大家能这样想："儿子正受到如何才能当男人这个问题的困扰，所以我应该与儿子进行人与人之间的对话，而不是凭借着母子关系进行对话。"

我将这种情况比喻为一根弯曲的棍子。如何才能将弯曲的棍子变直呢？答案就是反向弯曲。与儿子的对话，就应该起到这样的作用。

我相信大家翻开这本书的目的，不是为了和"孩子"对话，而是为了与"儿子"进行对话,所以我才在这里跟大家说明这一点。

提高分贝的妈妈 VS 紧闭嘴巴的儿子
不要感情用事,看一看到底是谁的问题

"都不知道一天要在心里默念多少遍'忍'呢。"

妈妈望着完全不听话的儿子,强忍着怒火。但是,继续容忍也不是一件容易的事情。到最后只能无奈地勃然大怒,对儿子大发脾气。

大吼一声之后,心里要是能舒坦也就罢了,但往往事与愿违。"怎能对孩子大喊大叫呢?作为妈妈我怎么能这样呢?""我的孩子要是能懂事的话,我也就不会这样啊。"就这样自怨自艾、埋怨孩子。每天与儿子斗智斗勇,导致自己不愿面对现实……最后陷入各种负面情绪当中。

许多妈妈在抚养儿子之前,任何情况下都不会提高嗓门,只会平静地小声说话;但是在抚养儿子的过程中,她们当中的很多人都不自觉地提高了嗓门,有些妈妈甚至连说话的语气也变得非常暴躁。究其原因,是对儿子说一次绝对不听,两三次也不怎么当回事,久而久之只能习惯性地提高嗓门。

妈妈大发雷霆,孩子就会注意观察妈妈的脸色,听从她的指示。但这并不意味着孩子会认为:"啊,我要好好听妈妈的话。"孩子只是单纯地认为:"妈妈好像很生气,我要好好避开这场危机。"如果再出现类似的情况,还会重复之前的行为,妈妈也只能一遍一遍地重复着发火,孩子也越来越不听话。这就形成了恶性循环。

要是在妈妈发火的时候,孩子能听进去一些话还好。但是当孩子稍微有点自己的想法以后,妈妈如果继续用提高说话声音的方式教育他,那他就会摆出跟妈妈对抗的姿态——

"啊,这回又是为什么?又怎么了?"
"就因为这个,妈妈,您至于那样吗?"

如果母子双方都提高声音,最后一场母子之间的战争便不可避免。

"儿子进入青春期以后,天天吵架,没有一天是能平安度过的。"

面对这样的妈妈们,我安慰她们说:"伤心吧,难过吧。至少现在孩子能跟你吵架,这就不是最坏的情况,放心吧。"

那么最坏的情况是什么呢？是孩子开始不跟你说话。很多儿子从某一瞬间开始对妈妈的各种行为，不作出任何反应。这就意味着他不把妈妈当成可以交流的对象。

每个人说的话，随着听者的不同，既会成为"话"，也会成为"噪声"。当亲密的朋友或同事之间交流的时候，我们通常会认真倾听，就是把大家说的话当作"话"。但是在地铁或公交车里，我们怎样对待周围的声音呢？我们将其识别成"噪声"，与车的噪声混在一起，就不怎么关注了。所以我们经常对那些不认真听讲的人说："你就这么不爱听我说话吗？"

不跟妈妈说话的孩子，已经到了"不爱听妈妈说话"的阶段了。这时候不管妈妈说什么，孩子都认为是"噪声"，而不是"话"。这是妈妈与孩子之间失去交流的危险信号。

孩子和妈妈吵架，说明他还是把妈妈当成可以交流的对象。"妈妈，我想与你对话，不想把你的话当成噪声。"所以，这时候我们应该将这些情况理解为孩子发出的一种求救信号或警告。

我不是要求大家千万不要对孩子大吼大叫，也不是在任何情况下都要对孩子的行为忍气吞声。这样的要求就像让妈妈成为古之圣人一样，在现实中是不可能的。我想说的是，无论是大声呵斥孩子，还是跟孩子吵架的时候，我们都要将它看作是一种交流的延伸。

大家都应该听过，夫妻之间要吵明白架，日子才能过得好。就夫妻生活而言，会吵架的夫妻比凡事都要忍气吞声的夫妻过得更加幸福。在这里吵架指的是明智地争吵，而不是经常性地吵架。不要给对方造成心灵上的创伤，要通过争吵加深对彼此的了解。

这个方法同样适用于母子之间。该吵架的时候就吵架，只要明白为什么吵架就好。大声争吵的时候，本就会传递给对方自己的本意。通过争吵，妈妈要向孩子传递自己的本意，同时也要了解孩子的诉求。这就需要妈妈们用对话的方式来引导智慧的争吵。

如果您的孩子已经闭口不谈，您就必须先将双方关系恢复到可以进行对话的状态。因为不可能存在不以对话为前提的关系。单纯地认为"只要经过这个阶段，就会好起来"而放任不管的话，那么很有可能会对孩子和妈妈的关系造成无法弥补的裂痕。

坦白地说，在写这本书的过程中，我也对儿子大声呵斥过，我们也经常吵架。甚至到现在，我还经常与已经成人的儿子发生争吵。当然这些都和以前有本质上的区别。现在即使发生口角，也不会过多地投入感情，而是先分析是谁的问题，再开始客观地交流。因此，我们之间的争吵不会持续太久，也很快就会和解。

"我的声音怎么这么高?估计是你刚才说的话,伤到了妈妈。"

"是吗?我都不记得了。我说的话,让您那么难过了吗?"

"当时就不应该稀里糊涂地过去。现在总是想起来,越想越气。"

"对不起,妈妈。我向您道歉。我以后会注意的,如果我又犯错了,小声地给我提个醒就好。"

"好的,我知道了。妈妈也向你道歉。妈妈也会犯错,以后你要适当地提醒妈妈哦。"

可能是因为儿子小时候经常与我吵架的原因,现在我们母子俩都很了解彼此的需求。正因为如此,我才能学会与儿子对话的方法,可以向大家提出这样的建议。

看儿子脸色的妈妈 VS 无视妈妈的儿子

让儿子认识到妈妈是可以敞开心扉交流的人

"我完全搞不懂孩子到底在想些什么,还爱乱发脾气……在家里他就是'皇帝'。"

在一些国家，很久以前女性是畏惧"婆家生活"的。随着社会的发展，大多数人选择和婆家分开生活，现在的情况较以前有很大的改善。但是"婆家生活"这个词，还是会引起女性们本能的恐惧。最近有个比较流行的笑话说："与儿子一起生活，还不如婆家生活。"听完以后，可以想见，有儿子的妈妈们该有多么不容易，才会造出这种潮语给自己打气。

这个笑话诠释了妈妈与儿子关系的一种反常情况。这时候，儿子就像长辈一样，妈妈做什么事情都要看儿子的脸色，非常小心翼翼。

儿子小的时候，只要妈妈大声呵斥，他马上会做出反应。即使儿子不听话，妈妈也可以用力量方面的优势，控制住他。控制孩子，让他停止某些行为，或者将他转移到别的地方，这并不是体罚孩子。（因为体罚不是对话，所以我不认为体罚是对孩子正确的教导方式。）

但正如前面所说，孩子成长到一定阶段，即使妈妈再怎么提高声音，孩子也不会听妈妈的话，弄不好，到最后会演变为母子之间的"战争"。所以，到那个阶段，妈妈根本无法用力量控制住孩子，一旦使用，反而更容易引起孩子的不满。儿子嫌弃妈妈不懂他们现在追求的文化，更有甚者还会找碴儿似的翻出妈妈之前犯过的小错误，并指责妈妈——

"妈妈，您懂什么，明明什么都不知道。"

"都是因为妈妈才搞砸的，都是您的错。"

面对这种情况，有些妈妈在儿子面前提高说话声音，但也有些妈妈表现得非常忐忑，以至于连话都不会说了。后者，虽然对儿子的不当行为不满意，却不能直白地指责或训斥。这时候，妈妈都要时刻观察儿子的脸色行事，家庭氛围更是随着儿子心情的变化而变化。

那么妈妈为什么这么怕儿子呢？这里可以列举出妈妈的几种想法。

第一种，"儿子万一变得暴躁，该怎么办？"担心儿子在发火的时候，无法宣泄自己的情绪，大喊大叫、乱扔东西，甚至会出现逃学等情况。

第二种，"现在和儿子闹别扭，万一关系变得更僵，怎么办？"担心无法继续与儿子进行交流，害怕青春期以后，母子关系变得更加陌生。

许多妈妈小时候都经历过这样的家庭成长环境：父亲决定的事情，就是"圣旨"；在日常生活中，虽然是亲兄妹或亲姐弟，但家长还是更加照顾哥哥或弟弟。虽然妈妈们曾排斥过这种情况，也下定决心"我以后决不会这样",可当面对儿子的时候,不知不觉会变得更加小心。这就是小时候的经历,有意无意地影响妈妈们现在的表现。

反观我们的儿子,作为一名男性,他骨子里就带有"排排坐"的基因。在集体里,他们确认排名以后,就想往上走;反之,女性比起排名,更加注重稳固关系。儿子的这种潜意识,在家庭中也会体现出来,尤其是青春期的时候,在家庭中确定自己的地位后,还想再往上提一提。

这时,儿子认为最好对付的就是妈妈。可能是因为相较于爸爸更亲近妈妈,也有可能是因为潜意识中的优越感,觉得男人应该比女人地位高。所以儿子会通过无视妈妈、责怪妈妈等方式来提高自己的地位。照这样发展下去,儿子就是"皇上",这句话不仅仅是单纯的比喻或夸张,而是演变为现如今的家庭事实。但是,如果这样轻视妈妈的话,也会对以后与妹妹或者女朋友的关系,产生一定的负面影响。

话说回来,与其说儿子是故意的,不如说这是他无意识的表露更加准确。妈妈们可能会有"怎么能这样对我"类似于遭到背叛的感觉,但我想说的是,我们要理智地应对儿子的这种潜意识。而对话,我认为是最佳的应对方法。

我同样也经历过看儿子脸色的阶段,所以对妈妈们经历的这些更加感同身受。我的解决办法,就是和儿子对话。

"知道妈妈为什么最近总是看你脸色吗?"

"妈妈看我脸色?为什么?"

"因为你对妈妈发脾气啊。所以妈妈只能看你脸色呗。"

"我?发脾气了?"

当我跟儿子坦诚地诉说苦恼的时候,儿子也开始认真倾听,并开始反思自己的行为。就像妈妈不是儿子的主人一样,儿子也不能成为妈妈的"皇上"。我们应该让儿子认识到"妈妈是能和我敞开心扉进行对话的人,而不是和我争夺家庭地位的竞争对手"。

担心儿子学习情况的妈妈 VS 心态平和的儿子
对话的首要目的,永远是双方的关系

"拜托你学习会儿吧。做完作业再玩游戏啊……天天说这些,我都已经精疲力尽了。"

望着刚出生的孩子，世上所有的妈妈都希望他健康成长。但是随着孩子的成长，身为妈妈的我们，不得不考虑孩子的成绩和升学问题。周围人都说："现在这个年龄，就要开始先人一步。""妈妈率先作出表率，孩子才能养成良好的学习习惯。"类似于这样的话，每一句都让妈妈们心烦意乱。

妈妈曾经也是一名学生，也曾为考试苦恼过，所以知道学习有多么不容易。大多数妈妈都能感受到催促孩子学习不是一件愉快的事情。所以，妈妈们更希望孩子能自律一些。

但是孩子不明白妈妈的这种良苦用心，反而摆出一副岁月静好的样子。他们忙着用智能手机玩游戏，也不知道想没想过学习，就这样还不时地发脾气——

"玩完这个就去学。"

"该学的我都学了，我正在休息。"

有些孩子则公开表示："我不想上学，送我去留学。""我不想读书，我不要上大学。"这些话让身为妈妈的我们烦恼不已。

话虽如此，但一想到放任孩子，还是担心他在这个竞争激烈的社会中，成为一个落伍者；担心他长大后一事无成，反过来还会埋怨妈妈。"妈妈,当时为什么不管管我!"所以作为妈妈的我们,只能每天唠叨他要努力"学习"。

我不禁感叹,为孩子的学业而操劳,这可能是作为妈妈的一种宿命。如果不是因为学习,我想母子之间的冲突,至少会减半。

现在不是只顾儿子学习而不让女儿学习的时代,可为什么有儿子的妈妈们会因学习问题更苦恼呢?

其中,我认为比较重要的原因是:儿子通常有强烈的目标导向性。这些孩子一旦设定了目标就会努力学习,但他们如果没有明确的学习目标的话,就压根儿不想学习。无论妈妈如何强调学习对未来的重要性,在他们自己理解之前,他们都不会付出一丁点的努力。

首先,我想跟"因为学业与儿子产生矛盾"的妈妈们提出这样一个问题:作为妈妈,您养育孩子的最终目标是什么?

只是为了让孩子上名牌大学?让您的孩子成为某一领域的专业人士?……我想这些都不是最终目标。最终目标,其实就是"让母子更加幸福",不是吗?

妈妈和儿子都能获得幸福的最根本的方式是保持母子之间的良好关系。试想一下,每天在妈妈的唠叨下,孩子能提高学习成绩,但是孩子在提高学习成绩的过程中却受到了情感的严重伤害,随之而来的，就是原有的母子关系遭到破坏，最终导致儿子渐渐疏远妈妈。这难道不是本末倒置吗？

我这么说，并不意味着要对孩子的成绩不管不顾，躲避冲突。妈妈和儿子应该就学习问题进行有效对话。妈妈单方面地强调"学习"，这不是对话。妈妈应该通过对话了解孩子想做什么，想成为什么样的人。更具体地说，孩子想要什么样的学习环境、什么样的学习方式适合他、他对什么学科有信心，等等，一定要多谈谈。如果学习真的不适合他，那你就要帮他考虑其他出路了。不管是谈学习，还是谈出路，母子之间就这些问题都应该进行坦诚的交流。在这里我要嘱咐大家，不要只关注学习，从而忽略人品的培养。

当然，仅就学习本身而言，母子探讨相关话题也不那么简单。学习对孩子来说本就是一个尴尬的话题。有很多妈妈非常苦恼："我想谈学习方面的话题，孩子总是找各种借口回避，这怎么办？"

我在"性教育"相关的书中强调过，父母用坚持不断的对话方式，与孩子建立良好的关系，双方才能非常自然地就性话题展开讨论。从来没有向孩子分享过自己感受的父母，突然有一天因为要开展性教育，才要求和孩子谈谈，那必然会使孩子排斥逃避。

学习也是如此。只有平时保持深层次对话，父母才能跟孩子深入探讨学业问题。当然,即使在这种情况下,学习成绩的提高也不应该成为对话的主题。如果这样的话,孩子会很快注意到我们的目的,进而主动关上对话之窗。这就是我们日常所说的本末倒置。请您牢记,对话的首要目的,就是关系本身。

教育儿子有负担的妈妈 VS 不适应新角色的儿子
越是这样,越要敞开心扉进行对话

当我说自己只有儿子时,人们就用怜悯的眼光看着我,心里忍不住就会去想:"唉,那个妈妈该有多累啊。"

正在阅读这本书的您,大概也是一位养育儿子的妈妈吧。其中,恰好有些妈妈正因儿子的教育问题而苦恼;也有些妈妈望着非常可爱的儿子,想为他的将来提前做准备。

关于如何抚养儿子的内容,在子女教育类图书中屡见不鲜。譬如关于儿子的学习、青春期、大脑结构,等等。如果你通过互联网搜索的话,就会发现市面上大部分的书是关于如何教育儿子的,而关于如何教育女儿的书籍少之又少。当然,这绝不可能说明,有儿子的妈妈们比有女儿的妈妈们更喜欢阅读。这只是呈现了一个最基本的现实情况：有儿子的妈妈们在养育孩子的过程中，更加苦恼、更加需要帮助。

其实在养育子女的过程中，原则上我并不认为女儿更好养，养育儿子更加令人头疼。但是，对于妈妈而言，儿子终归比女儿生疏一些。究其原因，是所有的妈妈都有过作为一个女儿的成长经验，但没有一个妈妈曾有过作为儿子的成长体验。

所以，妈妈们教育女儿的时候常常会想："我小时候是不是也这样？""哦，对，想起来了。"此时，就可以将自己的儿时经历作为参考。不可否认，妈妈的儿时记忆，可以起到很好的借鉴作用，但是女儿是不同于妈妈的特有的存在，所以我们不能盲目地套用这种经验。然而，一位养育儿子的妈妈，却不能借鉴自己小时候的经历，时常会这样犹豫："毕竟是儿子，怎能和我一样啊。"妈妈如果有哥哥或弟弟的话还好，要是独生女或者只有姐妹的话，就更不知所措了。

即便是周围人随口一说的话，有时也会让养育儿子的妈妈们很为难。独生子的妈妈，大概率会成为周围人说闲话的对象："当妈的要有一个女儿啊……应该生二胎啊。"养育两个以上男孩子的妈妈则会成为他们惋惜的对象："唉，怎么养他们兄弟几个啊？"

另外，我要说的是，我们社会对男性形象的要求已经发生了变化，这对于抚养儿子而苦恼的妈妈而言，是一个更深层次的原因。

过去，受欢迎的男性是为家庭而努力的一家之主，妈妈的主要课题是将儿子培养成受欢迎的男人。随着时代的变化，当今社会对男性提出了新的标准，作为成人，必须具备尊重他人的品德。

由于儿子现在处于过渡期，缺少成功的榜样，妈妈必然会面临许多困惑。这种困惑直接转变为抚养儿子的负担。

同时，儿子的立场又是怎样的呢？虽然全社会崇尚的男性形象发生了变化，但这并不意味着既有的男性形象已经消失。仍有不少人希望他们的儿子，未来可以成为一个可靠的、有担当的一家之主。在新的男性形象比较缺乏榜样的当下，既有的男性形象虽然大不如从前，但依然非常有影响力。面对这种情况，儿子们也陷入了迷茫。这时就会出现一些不和谐的声音——

"如今，当男人真难啊。处处需要优待女性，男人现在开始受歧视了。"

"我认为，作为男人，只有义务，没有权力可言。"

有些儿子想积极向新男性形象靠拢，却不知道如何去实践；也有些儿子不满男性现有的权力逐渐被削弱,从而表现出对弱者的愤慨;还有一部分儿子既不像前者,也不像后者,而是表现得犹犹豫豫。

显而易见的是,赋予男性新形象是不可逆转的时代潮流。妈妈们非常清楚,旧时代一去不复返了。当然,对于积极向新男性形象靠拢的儿子而言,妈妈的作用是多么的重要。

作为妈妈,怎么可能不迷茫、不困惑呢?我曾经体会过那种感觉。作为单亲妈妈,我的感受尤为强烈。但是,虽然养育儿子很不容易,但很有意义,不是吗?而关系对话可以把养育儿子变得更有意义。

所有人际关系的核心都是对话,要想保持良好的母子关系,就必须持续开展对话。越是觉得儿子跟自己不一样、因为没有抚养儿子的模范而彷徨的时候,就越要敞开心扉,开始和儿子对话。

第 2 章

妈妈改变说话方式,儿子就会敞开心扉

——与儿子对话的 6 个原则

01
关系对话的 6 个阶段原则

人际关系的阶段从 0 到 5，依次上升

所有的人际关系都可以根据亲密程度划分为各个阶段，而且各阶段的对话性质也都有所不同。同样，母子之间的对话也适用这个原则。我把它称为"人际关系的 6 个阶段"。下面我将从最初的第 0 阶段到最后的第 5 阶段，逐一进行说明。

第 0 阶段，无法用语言沟通的阶段。 也可以将这时期称为没有感情的阶段。简单用一句话来说，好比是两个"陌生人"恰巧在地铁上挨着坐在一起的缘分，处在这个阶段不可能有对话。

第 1 阶段，开口说话的阶段。 我们从这个阶段开始建立关系。例如，家长会或企业内部的团队，凡是两个人以上的团队所属成员，就必须与其他人相互介绍一下。

"你好，我叫×××。"

"初次见面，我叫×××。"

在第 1 阶段，我们通常以这种方式，从"陌生人"变成"认识的人",并进行最基本的对话。

第 2 阶段,共同用餐的阶段。 要想和别人关系更进一步,大家通常会怎么做呢?

"有时间吗?一起吃顿饭吧。"

我们通常会这样邀请别人。这时候,大家都会认为"那个人可能想进一步了解我",没有人会把这句话理解为"那个人看起来很饿"。其实,一起吃饭就是要以吃饭为媒介进行对话的意思。吃饭的时候,自然会围绕着各种各样的话题进行交流,甚至就个人情况也可以进行对话。就这样,双方会变成"有交情的熟人"。

第 3 阶段,分享趣味的阶段。 随着时间的推移,双方的友谊逐渐加深,必然会了解彼此的兴趣。"趣味"意为"不是专门从事某项活动,而是为了在实践中享受快乐的活动"。也就是说趣味与义务或生计无关,表现的是个人的喜好、关注的对象、生活方式,所以也可以用"兴趣表现的是那个人的个性"来形容。因此,我们更容易和趣味相投的人形成认同感,具体表现为想要和那个人分享自己的兴趣,等等。例如,喜欢登山的人,喜欢与朋友一起登山;喜欢看电视剧的人聚在一起,能围绕着电视剧开心地聊天。和趣味相投的人在一起会进行很多交流。

这时候我们就已经度过"熟人"阶段,变成"朋友"了。

第 4 阶段,诉说烦恼的阶段。 每个人至少有一个不能轻易解决或作出决定的烦恼。在我们解决完眼前的烦恼时,另一个烦恼就会接踵而至。当我们被烦恼压得喘不过气来时,往往会找最信任的人去倾诉。这个人一定会认真倾听我们的烦恼,真心与我们产生共鸣,而不会心不在焉地回应,更不会随意地进行判断。这种超越单纯朋友关系的人也可称为"闺蜜(挚友、死党)"。

第 5 阶段,探讨有关性的话题阶段。 对大多数人而言,性是最隐秘的部分,也是大家不太愿意公开讨论的话题。几乎所有人都对"性"感到好奇和烦恼。在这种情况下,如果"可以对一个人诉说有关性的话题",那么这个人就是"最好的挚友"。

人际关系发展的阶段是从 0 到 5 循序渐进的。从第 1 阶段突然跨越到第 4 阶段,抑或是从第 3 阶段变为第 5 阶段的跨越式发展是几乎不可能存在的。

此外,您为下一个阶段所付出的努力也会有所不同。从第 0 阶段到第 1 阶段、从第 1 阶段到第 2 阶段,只要付出一定的努力就会成功。但是,想进阶到第 3、第 4 阶段乃至第 5 阶段,则需要付出更多的努力。仔细想想，将我们平时认为是"熟人"的人数和"闺蜜"的人数进行比较，不难看出两者间的难度差距。

现在，就让我们从这几个阶段出发，观察妈妈和孩子的对话吧。首先，孩子一出生就处于第 1 阶段。这时候，妈妈和孩子可以进行简单的对话。妈妈努力理解"呀呀"的婴儿语，孩子也努力适应妈妈的声音，母子间的对话平台也在这个过程中渐渐地建立起来。

每天和孩子一起吃饭，母子关系便能进入到第 2 阶段。在妈妈与孩子相互熟悉、亲密的过程中，一起用餐起到了很大的作用。每天都给孩子做饭的爸爸妈妈，或多或少都会有所感触吧。

值得一提的是，在维持关系方面，吃饭也起到了非常重要的作用。当代父母都忙于挣钱，而孩子从小学开始就忙于学习，自然而然地双方在一起吃饭的机会就很少。每天重复着这样的生活，我们就错过了维持关系的非常重要的时机。

无论是早餐还是晚餐，我们每天至少要保证陪孩子吃一顿饭；如果情况实在不允许，我强烈建议大家，周末要全家一起用餐。特别是随着孩子年龄的增长，对外活动日益增多，妈妈与孩子对话的最佳时间就是共同用餐时间。

为了跨入到第 3 阶段，妈妈与孩子应该有共同的兴趣。"妈妈，我也要，我也要……"或许会出现孩子对妈妈的爱好感兴趣的情况。但如果不是这样的话，妈妈也不要强求孩子培养这方面的兴趣。我们应该积极主动地参与到孩子的兴趣当中。

大多数孩子喜欢玩游戏。但是，妈妈们肯定不喜欢、不希望孩子玩游戏。刚开始我也不喜欢，但现在我要建议各位妈妈，和孩子一起玩游戏吧。因为我就是这么做的。我和孩子一起去网吧，在孩子的指导下掌握游戏规则以后一起玩游戏。"第一次看到和妈妈一起来的孩子。"当时，网吧老板还觉得这很神奇。陪孩子一起玩游戏以后，我和孩子相处就更加容易了，也可以和孩子规定适当的游戏时间。

我在针对第4阶段的叙述中，提到过"挚友"这个词。母子关系要想从第3阶段迈进第4阶段，需要孩子将妈妈当作是自己的挚友。这样的话，当孩子有什么烦恼时，首先想到的便是向妈妈倾诉。但不可否认，在这个阶段，妈妈经常会犯一些错误。妈妈毕竟是大人，阅历丰富，所以当孩子向其诉说烦恼的时候，她可能会指责他说："你看，妈妈就说不是那样的吧。"抑或是满不在乎地说："妈妈给你做。""又不是什么大问题，没必要大惊小怪。"

这样一来，孩子不仅不会把妈妈当成挚友，反而会把妈妈定义为"无法诉说烦恼的对象"，进而会让其关闭可以对话的心灵之窗。每个孩子诉说烦恼时，对妈妈的期待可能会有所不同。但不管是什么情况，孩子最想听到的都是能够引起其共鸣的话。

随着性教育的重要性被越来越多的人意识到，这也成为许多妈妈苦恼的新问题。所以有些妈妈迫不及待地想进入第5阶段，从而忽略了人际关系的各个阶段是循序渐进的。如果强行跨阶段进入第5阶段，肯定会出现一系列副作用，所以希望大家能谨记这一点。这一点在母子关系中也不例外。

人际关系的各个阶段，起点不是第1阶段，而是第0阶段。有人说，妈妈和孩子是家人，所以应该不存在第0阶段呀？答案是否定的，妈妈和孩子之间，存在着第0阶段。如果孩子闭口不言，那么这时就是第0阶段。再强调一下，如果您的孩子现在处于这种状态，不管多忙，请您放下手中所有的事情，重新开始修复双方交流的第1阶段。

有时，我问一些妈妈："您和孩子的关系处于什么阶段？"这时会出现不同的答案。之所以会出现这种情况，十之八九都是妈妈自认为的阶段超出了孩子所想的阶段。

问妈妈以下几个问题——

"现在您和孩子处于什么阶段?"

"我和孩子应该是在第 4 阶段。"

同样的问题,问孩子。

"你认为现在和妈妈处于什么阶段?"

"嗯……第 2 阶段?不对,应该是第 1 阶段。"

与非常自信的妈妈不同,儿子的回答稍显不确定。

"最起码是处在第 2 阶段。"

"对我来说是第 0 阶段。妈妈只说自己想说的话,不让我发表任何意见。"

此刻,请您再想想,您和孩子到底处于什么阶段,也可以真诚地问问孩子。希望所有读到这本书的家长,都能和您的孩子进入第 5 阶段。加油!

02
拓展对话的视野

倾听，观察非语言行为也是对话

说起与儿子的对话方法，可能许多妈妈只会把重点放在"跟孩子该说些什么"上。当然，这很重要，但对话的本质是双方共同参与，必须有说话的对象。要是没有对象独自说话，就成了独白，而不是对话。即使有说话的对象，只是一方在说话或者双方各抒己见，那同样也不是对话。

所以要想和儿子好好交流，就要明白在对话过程中，"听"和"说"一样起着很大的作用。首先，妈妈要听懂儿子想要表达的内容，才能反馈给儿子恰当的回答。只有妈妈认真倾听儿子的话，儿子才会意识到"我能和妈妈好好交流"，也会更加愿意倾听妈妈说的话。

您现在是不是只会一味地对孩子说教，而不怎么倾听孩子所说的话呢？如果是这样，就不是对话，只是单方面的唠叨。面对这种情况，妈妈只会伤心地说："孩子一点也不听话。"而孩子则会更加郁闷地说："妈妈只说自己想说的。"我们总不能跟孩子谈条件，说："只要你先听妈妈的,妈妈也会听你的,好吗?"要是这样的话,我认为各位妈妈首先还是要静下心来,先听孩子的话比较好。

相比起单纯的理解,要听得懂孩子说的话,需要我们付出更多的努力。因为对话不全是靠语言来完成的,还包括我们的细心观察,即"非语言"。

非语言指的是不使用语言,仅以身体动作来表达自己的想法和情绪,如面部表情、手势、姿势等。就像有的人虽然嘴上说"满意",但面部表情非常僵硬,那么我们不难猜出他的真实想法。

让我们回想一下孩子在新生儿时期还不能说话的时候。为了弄清孩子到底为什么哭,您应该也非常焦虑地观察过孩子,也不时地唉声叹气过。"哎呀,求求你告诉我,到底哪里不舒服啊。"这时,对孩子来说,非语言就是唯一的对话方式。

即使孩子长大以后,可以用语言熟练地表达自己的意图,也并不意味着非语言失去了其重要性。孩子内心的真心流露,比起语言,更多的通常都包含在非语言当中。

尤其是当孩子遇到困难,或者畏惧和妈妈对话的时候,这种情况就更为突出。因为害怕妈妈发现自己的心事,嘴上虽说"没事,不要紧",但毕竟是孩子,所以并不善于掩藏情感,总会在表情和行为上表现得与平时不同。

我在以性教育、父母教育为主题，给爸爸妈妈们授课时，强调要好好观察孩子平时的行为举止。虽然大家都说："关于孩子我比谁都了解。"但我告诉他们："其实你们未必真的了解孩子。例如，性暴力受害儿童，他们虽然不会用语言倾诉，但是会出现脸色苍白或者自残等异常现象。"

上述原则适用于孩子日常生活中的点点滴滴，包括对妈妈的某种行为不满时、跟好朋友吵架时，等等。即使孩子的表现形式和程度与以往不同，非语言也是对话的重要组成部分。

要想和孩子进行高质量对话，首先要培养认真倾听和观察孩子非语言的习惯。即使是好听的话，但如果只是妈妈单方面一直说的话，那也不是对话。

孩子希望得到妈妈的夸奖和建议，但在这之前他们更希望能与妈妈进行友好的对话和交流。

❽ 形成对话的纽带

只要还有纽带，妈妈和儿子的对话随时都能进行

随着时间的推移，母子之间必然会产生分歧。这是因为妈妈和孩子都是相互独立的生命个体。所以，这时候母子之间就需要有"对话的纽带"。

毫不夸张地说，孩子小的时候，妈妈就是他的全部。相信大家都有过这种经历，孩子小时候非常黏人，妈妈上厕所都被孩子黏着。这时候，孩子的嘴和耳朵总是向着妈妈，所以母子之间并不需要对话纽带。

不知从何时开始，孩子有了独属于自己的世界，还会遇到各种各样的人，逐渐有了自己的喜好。这时候，妈妈不可能完全了解孩子的全部。

妈妈开始听不懂孩子在说什么，孩子望着不理解自己的妈妈，开始独自唉声叹气。就这样，日复一日、年复一年，母子之间产生的分歧越来越多，对话的次数越来越少。即使妈妈和孩子之间没有什么特别的问题，也会发生这样的情况。

请大家回忆一下学生时代的朋友。曾经的我们通宵达旦地聊天，总有说不完的话题，但不知从什么时候开始，我们之间的关系慢慢疏远。现在朋友之间的简单问候，是不是变成了一个月一次或者一年一次，联系的次数也越来越少了吧。每个人的生活环境、工作领域、生活方式都不同，自然而然地就变成了现在这样。没有人会针对这种变化，去追究到底为什么会这样，因为这就是人际关系的自然规律。

尽管如此，有些朋友之间却还存在着"对话的纽带"，有的是过去的回忆，有的可能是相似的兴趣和职业，还有的可能是育儿或者关于婆家的话题，等等。因为有了对话的纽带，即使很长时间不联系，见面或者打电话时也不会尴尬，也能很快地聊到一块儿去。虽然不能和这种朋友经常联系，但是我们之间的关系还是会一直延续下去。

那么，就妈妈和儿子之间的对话而言，什么样的对话纽带才算是良好的呢？我们是每天都要相见的家人，所以我建议母子对话的内容，可以选择日常生活中必不可少的话题、事情或事物。

我与儿子的对话纽带就是食物。很普通吧？但越是平凡的东西，越能发挥出巨大的力量。

我在人际关系的 6 个阶段中也提到过，第 2 阶段是"一起吃饭的阶段"。即使妈妈和孩子再忙，建议母子也至少要保证每天一起吃一顿饭。这都是我总结出来的经验。最近和孩子闹僵以后，也是在一起用餐时，边吃边聊各种趣事，很自然地化解了我们双方的尴尬。

我不仅将"吃东西"当成对话的纽带，还把"做饭"也变成了对话的纽带。我这么做最原始的目的是，至少要把孩子培养成会做饭的男人。因为我当时很看不惯，当女性在家里不能做饭，有些男人宁肯饿着也不下厨的这一行为。所以孩子小的时候，我经常带他去社区文化中心的儿童烹饪教室，和他一起做简单的料理。

这对孩子来说，可能是非常愉快的经历。到现在儿子也会偶尔想起那个时候，"妈妈，那时候我真的很开心"。遇到当时做过的菜品时，"咦，这是以前在料理教室做过的，当时妈妈……"于是，他就会沉浸在小时候的回忆中。最重要的是，当儿子说"当时和妈妈一起做菜时，才发现妈妈为我做饭是多么不容易"时，我感到非常欣慰。当然，我也达到了最初的目的，儿子成了一个会做饭的男人。

虽然我没有经历过，但作为对话的纽带，我建议大家可以尝试着养宠物，大众宠物狗和猫，稍显个性的鸟和鱼，还可以养些花花草草。宠物和花草也是家庭的一员，妈妈和孩子要一起照顾新成员，久而久之就会有许多共同的话题。

我认识的一位妈妈，曾经就学业和升学问题与儿子产生了分歧。

儿子升入大学以后，母子关系也没能恢复到从前。有一天，儿子从朋友那里带回来了一只金仓鼠。一开始这位妈妈不耐烦地说："养什么动物啊，家里都是味儿，你自己养吧。"儿子不甘示弱地说："哼，不要你管，我自己养。"但随着时间的推移，妈妈总是不自觉地将目光投向卖萌的金仓鼠；儿子则是疲于准备专业考试和就业，经常拜托妈妈照看金仓鼠。

现在这位妈妈既开心又遗憾地说："多亏有这只小仓鼠，我最近还能跟儿子说上话，早知道这样，在他小的时候早点养就好了。"

妈妈和儿子一起参加"兴趣活动"也很不错。还记得人际关系的第3阶段，也就是分享兴趣的阶段。请您一定要铭记：不要强迫孩子对您的爱好感兴趣，而是您应该主动参与到孩子的兴趣活动当中。

"我从小就对体育不感兴趣，现在也是。因为儿子我才变成这样的。"一位妈妈笑着说，她跟儿子一起参加过体育明星粉丝见面会。我鼓励她说："您做得很好，以后有机会的话，也请您和孩子一起去参加。"

请不要害怕跟孩子产生分歧，这是孩子茁壮成长，迈向属于自己世界的有力佐证。但是，请一定要建立好和孩子的对话纽带，如果现在孩子在您身边，请试着跟他聊一聊对话纽带。妈妈和孩子之间，只要有对话纽带，那么对话随时都可以再次进行。

04
掌握对话的关键核心
根据妈妈的价值观确定具体目标

对话就是连续不断选择的延续。

"跟对方说什么呢？"

"我应该怎么回答呢？"

每时每刻，我们都在做选择。

对话其实是一种日常行为，也是长期习惯的产物。所以母子在对话的时候，不会花费太长时间去考虑该说些什么。通常我们在对话的时候，会不假思索地、无意识地、习惯性地、熟练地去说。每天生活在一起的家人之间，就更应该如此。

要是时时刻刻都为选择恰当的语言而绞尽脑汁的话，家人怎么能在一起生活呢？要是每天都这么疲于做选择，还能有精力去进行日常交流吗？

话虽如此，要是和孩子进行交流的话，我们还是要甄选一下用语。因为我们是妈妈，是想要好好抚养孩子的妈妈。我们对孩子说的内容，既会决定我们和孩子的关系，也会改变孩子的未来。

问题是，很多妈妈无法用恰当的语言，将自己的真实意愿传递给孩子。当时的情况和心情不同，说出的话也会有所不同；而且还会根据固有的习惯和偏见，不经思考开口说话。这样必然会给孩子造成困扰。为了避免这种情况的发生，妈妈一定要掌握好对话的关键。

首先，制定几项关于孩子的具体"培养目标"。但是，不要制定如"把孩子培养成诚实守信的人""把孩子培养成身心健康的人"这种泛泛的目标，而是要制定更加具体的目标。

在这里，告诉大家，我在生完儿子以后制定的几个目标。

1. 把儿子培养成具有正确的性别意识和性别敏感度的人。

2. 把儿子培养成会自己下厨做饭的人。

3. 把儿子培养成具有良好经济观念的人。

第一个目标是针对想要将儿子培养成不同于大男子主义的父亲和丈夫而制定的。为了实现这一目标，我从小就鼓励儿子，让他自然地表现出身体特征，同时还告诫他要尊重他人的身体。如此一来，作为性教育专家的我开始不断地出现在报纸或电视等大众媒体，也出版了与此相关的书籍。

为了实现第二个目标，我在前面也提到过，就是和儿子一起去儿童烹饪教室学做饭，在家的时候也常常让他帮着做菜。当然，在此期间我们经常围绕着料理话题展开交流。

为了实现第三个目标，我多次将儿子送到经济夏令营，原因是不想让他跟他父亲一样有浪费的习惯。因为我是单亲妈妈，经济状况并不宽裕，所以在不给孩子造成太大压力的前提下，坦率地跟儿子说明了家庭情况。虽然儿子还不能赚钱，但还是合理地计划自己的日常消费，尽可能地不造成浪费。对此我感到很欣慰。如果您有儿子，我非常建议您制定这个目标。

上述这些都是举例说明的，并不是要求大家必须制定同样的目标。妈妈的价值观不同，制定的目标也不一样。其他的目标，如"把儿子培养成尊重动物生命的男人""把儿子培养成学会整理东西的男人"……请各位认真考虑之后，将这些记录在笔记本上。

然后再想想"围绕着这个目标，平时会发生什么情况？""根据我制定的目标，这种时候我该怎么说才好？"这些问题的答案。如果真遇到那种情况的话，就会自然而然地做出反应。

例如，有陌生人说"哎哟，你可真可爱"并想要抚摸孩子的时候,我就会大声说:"请不要触碰孩子。"当我想要亲孩子的时候,如果孩子露出不耐烦的表情,我会说:"现在不想要亲亲吗?那就等你心情好了,再亲亲妈妈吧。"这是我基于"把孩子培养成具有正确的性别意识和性别敏感度的人"的第一个目标所做出的回答。

如果我也像其他人,只是想把孩子"培养成优秀的人"的话,会怎么样呢?我应该也没有考虑过为了实现目标该说些什么,那又会怎么样呢?估计在陌生人要抚摸孩子的时候,也会让孩子说:"谢谢您的夸奖。"当孩子不想亲妈妈的时候,也可能会说:"妈妈要亲亲,怎么能不喜欢,快来快来。"

我不是十全十美的妈妈,回想起来也有些遗憾。要是能回到从前,我会制定这两个目标:一个是"把儿子培养成具有生态敏感性的男人",另一个是"把儿子培养成坚持运动的男人",同样也会为了完成目标,考虑需要说的话,并会为此付诸实践。

我可以很自豪地对大家说,为了完成当初制定的目标,我付出了120%的努力。虽然有时候会感到疲惫,思想也很混乱,但在大方向上,我一直围绕着最初制定的目标从未放弃。

现在,大家的脑海中浮现的目标是什么?这个目标,会成为大家和孩子对话的核心。

05
内心认可

彼此认可的时候,妈妈和儿子都能轻松对话

从儿子出生开始,准确地说应该是从知道自己怀的是儿子的那一刻起,周围就会传来"儿子就这样""男孩子嘛,都这样"之类的各种话。我也经历过这些。

当时,我身边时常有人说到这些词语:儿子很活泼,充满精力,天不怕、地不怕,惹祸精,散漫,木讷,不善言辞,语言能力发育迟缓,不善于观察,共感力较弱,缺乏耐心,非常喜欢恐龙、汽车、火车等。

同时,您是不是觉得下面这些话也很熟悉——

"我儿子很腼腆,非常害羞。"

"我儿子比女孩还容易哭。"

"我儿子比我还冷静。"

"我儿子喜欢宅在家,总是想在家里玩。"

我们总有操不完的心:因为像男孩子,就愁他太像个男孩子;如果不像男孩的话，又愁他太不像个男孩子。

您要是有这种想法的话，必然会在和儿子的对话中表露出来。儿子会觉得"自己有问题"，从而自尊心受挫。您想，不被妈妈认可的儿子，能心平气和地与妈妈进行交流吗？

其实，不仅是儿子，女儿也是一样的。"女儿如何如何""女孩就那样"之类的话，在我们周围也不少。在女孩子的成长过程中，大家或多或少都听过类似的话——

"你个姑娘家胆儿怎么这么大？"
"这家女儿比儿子还活泼！"

听到这些话，很多女孩子都会觉得奇怪：我只是按我的意志行动，仅仅是做了我想做的，但大人为什么将我当成另类来看待？

孩子们都是不一样的，每个人都有自己的个性。我们的儿子同样也有自己的个性。或许有些儿子完全符合别人口中所谓的儿子特性，也有些儿子完全不符合这个标准，大多数儿子基于这两者中间的某个点。

我们不能把这种情况非要解读成"就因为是儿子，才这样""不像个男孩"，等等，我们只要接受"这孩子有这种特性啊"就可以了。

作为妈妈，我们首先要接纳孩子的这种个性。只有这样，才可以与孩子建立彼此信任的关系。

我的儿子说话比同龄人早些，所以他的表现能力相对好一些。不知是否因为受了我的影响，儿子对身体运动或户外活动没有表现出太大的兴趣。我认为这些都不重要。我只是接受了儿子的所有个性，当然，我也没有担心他不像儿子，又或是刻意地去矫正他，让他像个儿子。

有时虽然妈妈承认孩子的个性，但也会因周围人的闲言碎语而感到伤心。我认为，越是这种时候，身为妈妈的我们越不能自责或动摇，我们只要告诉孩子、鼓励孩子，尊重他人即可。

我认识的一位父亲和他的儿子就遭遇过这种情况。儿子穿着女孩子的衣服演出，其他演出的孩子误以为他是女孩。随后观众就此事发表了意见，并说"儿子要有儿子样"。后来这位父亲通过社交媒体发布的内容给我留下了深刻的印象，所以在这里引用——

> "我儿子喜欢粉色，而且他想当一个公主。我尊重他的喜好，支持他的选择。在我看来，最重要的是儿子的幸福，而不是社会上的某些标准。顺便说一下，我也喜欢粉色，但我现在是两个孩子的父亲。"

友情提示：尊重孩子的个性并不意味着放任孩子，不是他想做什么就做什么。

如果是散漫的孩子，请给他提供活动身体的机会，比如让他参加儿童体育俱乐部的体育活动。但妈妈要积极引导孩子在教室或公共场所，遵守基本的礼仪。如果是性格内向、非常害怕当众讲话的孩子，就要先照顾一下孩子的紧张情绪。比如在家里提前多练习几次，就可以明显缓解孩子的紧张情绪。换个角度来看，性格内向，只是说明孩子非常谨慎而已。目前有很多书也是以性格内向的人为主要受众，再次挖掘他们所拥有的优点。

现在，请您放下对儿子毫无意义的固有观念吧。为了让全社会都放下这种观念，身为妈妈的我们需要先行动起来。当我们开始接受儿子全部个性的时候，那么我们和儿子之间的对话就会变得更加轻松愉快。

06
放下负担

比起完美的妈妈，请成为能与孩子交流的妈妈

抚养孩子的过程，必然会比我们想象的困难，但同时也比想象的更加幸福。无论多么幸福的事情，如果只有一个人承担所有责任的话，也很难完整充分地享受那份喜悦。对妈妈而言，育儿就是这种情况。

很多人都应该听说过"妈妈的快乐是孩子的幸福"这句话。我非常赞同这句话。如果妈妈承受不住育儿的压力，那自然也谈不上什么幸福。不幸福的妈妈怎能给孩子幸福？母子对话其实也一样。不幸福的妈妈能和孩子交流真情吗？

孩子不是妈妈一个人的，是父母二人爱的结晶。原则上，爸爸也是养育孩子的过程中不可或缺的存在。但现实生活中，就育儿而言，妈妈承担的更多，"丧偶式育儿"便是这种现象的代名词。

虽然现在比以前情况好了许多，爸爸们的认知有了很大的改变，他们育儿的时间也大大增加了。但妈妈们觉得还远远不够。

我最讨厌看到的就是"妈妈牌"。日常生活中，我们经常可以看到关于孩子的产品或广告打着"妈妈牌"。最近，我在人气较高的网络商城搜索"妈妈牌"，竟然出现了许多"妈妈牌"的产品——玩具、英语、学习法、饭桌、零食，等等。琳琅满目的产品，种类齐全、分类清晰，让我目不暇接。

相反，搜索"爸爸牌"会如何呢？你会发现数量和种类都急剧减少。人气最多的商品就是"爸爸牌运动游戏"。即使爸爸参与到育儿过程中，大多数情况也是辅助妈妈，而且仅限于跟儿子进行肢体活动。

当今社会除了"妈妈—爸爸—孩子"的家庭外，还有许许多多其他的家庭形态，譬如说我，离婚后我和儿子就组成了单亲家庭。随之，孩子的监护人也开始多样化：妈妈和爸爸可能独自成为孩子的监护人，爷爷奶奶、叔叔阿姨也有可能成为孩子的监护人，甚至某些社会福利机构也可以成为孩子的监护人。即使是这样，我们提到孩子监护人的时候，首先想起来的还是妈妈。

我之所以强调"妈妈牌"，是因为我觉得这是一种针对妈妈们的恐怖营销。

> "不使用××产品，您的孩子将会成为落伍者或失败者，同时您也会被贴上坏妈妈的标签。"

在我看来，社会上所谓的"妈妈牌"商品，就是在给妈妈们强调这种信息。我总是在想，我是不是"妈妈牌"商品的受众者呢？所以出版关于子女教育图书的时候，我想使用"监护者"或"养育者"。但出版社和周围关心我的人都劝我，说那只会给读者造成困惑。

我希望全天下读这本书的妈妈,都能从育儿的负担中稍微释放一下自己。不要想着成为一个完美的妈妈。妈妈也不是圣人,偶尔也会犯错误。这时候勇于承认错误,重新再来一遍就好。

当您读完这本书后,和儿子对话时,可能还会习惯性地按以前的方式说话,也有可能因把儿子的话当成耳旁风而懊恼。谁都会犯这种错误,只要我们多付出一些,多努力一些,就会有好的结果。

最重要的一点,请您务必要让孩子知道您为此而做出的努力。失误了要及时向孩子道歉,孩子需要的不是一个完美的妈妈,而是一个能与自己坦诚交流的妈妈。这样的话,孩子也会理解您的苦衷。

有机会的话,也让孩子的爸爸与您共同阅读这本书。家庭的核心是爸爸妈妈,只有妈妈跟孩子进行交流是不完整的,爸爸同样需要跟孩子好好交流。

难道爸爸跟孩子就不存在交流困难吗?爸爸的情况可能会比妈妈更严重。妈妈意识到问题的严重性,会通过读书来寻找方法;而爸爸可能都不会在意这是一种问题,"孩子他妈应该会处理",从而完完全全交给妈妈去处理。爸爸应该与妈妈分担育儿的焦虑,也就是说,爸爸有必要认清育儿的负担,同时要跟妈妈一起去承担相应的负担。

当然,要是您跟孩子爸爸以外的人,共同抚养孩子的话,也建议您跟他或她，一起阅读这本书。如果您跟我一样，是一名单亲妈妈，可以试着找同样处境的单亲妈妈一起分享这本书。其实，一起读书、交流彼此想法的过程，本身就对减轻育儿负担有很大的帮助。

就像有幸福的妈妈，才能有幸福的孩子一样，只有妈妈幸福，才可以跟孩子进行幸福的对话。

第 3 章

妈妈细致入微的对话，成就善于表达的儿子
——让儿子成长为真正男子汉的 5 种对话方法

01
唤醒儿子表现能力的对话
今天妈妈是这样过的,你呢

表现能力是一种将自己的想法和感觉很好地表现出来,并将这些准确地传递给对方的能力。过去我们将"沉默是金"奉为真理,但现在大家却不怎么认同这种说法。毕竟现代社会是视频的时代,是自我宣传的时代,所以表现能力作为一种重要能力备受关注。

孩子在学校的表现能力也非常重要。随着现在对学生综合能力越来越重视,经常参加校园内符合自己性格和能力活动的学生更加有优势。因为这些活动在孩子升学及之后的各种选拔中起到的作用也越来越大,所以表现能力才会成为校园里的重要能力之一。

因此,有儿子的妈妈们非常担心儿子的表现能力——

"跟同龄人相比,我儿子的表现能力有待提高。"
"我儿子不善表达,非常不爱说话。"
"不管问什么,我儿子只会'啊、哦、嗯'进行简单回答。"

这些都是从有儿子的妈妈们那里经常能听到的担忧。再加上"儿子的语言发育不如女儿快""语言能力方面，男人肯定不如女人"等陈旧观念的影响，妈妈们更感到不安和焦虑。

为了解决儿子表现能力不佳的问题，妈妈们首先想到的一般都是给孩子报演讲课外班。在这种环境里，孩子们可以经常练习说话。其次就是让孩子看书，书看多了，词汇量也会变得越来越丰富，表现能力自然而然地会提高不少。

参加演讲课外班或者看书，都可以提高孩子的表现能力，但前提是孩子主动要求"妈妈，我想去演讲课外班""妈妈，再给我买几本书吧"，若非如此，妈妈单方面强求孩子去参加演讲课外班或看书的话，可能会适得其反。因为一个孩子所具备的表现能力水平，在很大程度上是受情绪影响的。

如果孩子在表达某种内容的时候，感受到的是舒适的情绪，那么他就会喜欢表现，随之他会越来越喜欢表现，这样日积月累，其表现能力会越来越好。相反，孩子在想要表达某种东西或某种内容的时候，过于在意周围人反应的话，必然会感到不适。例如，类似于"妈妈担心我不太会说话，这么说没关系吧"这种想法在脑海中扎根的话，那么对孩子而言，表现本身就是压力，他也就会越来越抗拒表现。

总而言之，提升孩子的表现能力，最有效的就是与妈妈的关系对话。对话的本质就是，将自己的想法和感觉表达出来。妈妈是孩子能以最轻松的心态进行对话的人，所以和妈妈对话，对孩子来说既是日常生活，又是有效提高表现能力的方法。

不要想得太复杂，与其花费心思确定一个对话主题，不如和孩子多聊聊天。孩子与妈妈的对话内容越多、对话时间越长，孩子的表现能力就会越强。

我这样强调对话次数和时长，可能有些妈妈会提出这样或那样的问题——

"我和孩子的对话很短，我很难跟他长时间交流。每次跟孩子说话，他都是'嗯''啊''一般'这样回答，怎么办才好啊？"

我给大家提个小建议吧。大家有没有想过，在孩子看来，作为妈妈的我们表现能力如何呢？换句话说，您面对孩子又是如何表现自我的呢？

可能大家都没怎么注意这方面，其实在孩子面前，妈妈通常都不怎么表现自己。让我们回想一下，平常跟孩子是如何对话的吧。我想，大部分妈妈应该都是围绕着孩子的日常生活，几乎不怎么谈论关于自己的话题，对吧？

也许您可能会想："哎哟，我跟孩子说这些干吗？"如果是这样的话，您就错了。其实我们可以跟孩子进行很多方面的交流。如果您是家庭主妇，可以跟孩子说说生活方面的点点滴滴；如果您是上班族，可以跟孩子说说工作方面的内容……总之，您应该会有很多话题可以跟孩子交流，不顺心的事情也好，很严肃的话题也没关系。自然地表达自己的想法和感受之后，可以向孩子询问他的意见。"你怎么看？""你今天过得如何？"……总之，能与孩子进行对话交流就可以。

孩子对妈妈的好奇心比我们想象的要强，而且对妈妈的日常生活和想法也很感兴趣。当妈妈率先表达自己的想法时，孩子也非常乐意交流。

我在担任性教育讲师、父母教育讲师时，经常跟儿子讲述我工作的故事。其中当然有有意义的事情，也有伤心的事情。在说到伤心的事情时，我能明显体会到和儿子变得更加亲近。

"妈妈今天过得很充实哦，心情也很好哦。听妈妈讲课的人，都非常认真，互动也很好。"

"妈妈今天遇到了很荒唐的事情。哎呀，具体就是……"

儿子认真听完以后，很多时候会以"妈妈，我觉得吧"为开端，提出自己的意见，或者说："妈妈，我今天也有非常高兴的事情哦。"从而引发他开始说自己遇到的事情。

不是有这种说法吗，"只有当妈妈率先作出读书的表率之后，孩子才会跟着读书"。表现能力其实也是一样的。请在孩子面前积极表现自己的好心情或悲伤的心情。这样的话，妈妈和孩子都会通过对话感到开心。如果母子对话变得愉快的话，对话的次数也会相应增多，孩子的表现能力自然而然也会有所提高。

02
唤醒儿子共鸣能力的对话
跟妈妈玩角色游戏，怎么样

这不是我独自一人生存的世界，而是与形形色色的人一起生活的世界。一个人只有与他人进行有效沟通并产生共鸣才能在社会和家庭中维持很好的人际关系。产生共鸣是我们与他人沟通时必备的能力。

共鸣能力差的人，通常会被认为是精神病患者。虽然一般人不会达到这种极端情况，但是缺乏共鸣能力的人始终会遭到周围人的冷落。

平时我们喜欢跟善解人意的朋友亲近。即使是丈夫，当他无法与我产生共鸣的时候，我也会觉得他是路人甲。

您听说过一项研究男孩和女孩共鸣能力差异的实验吗？实验中，当妈妈在和宝宝玩耍，假装表现出一副痛苦的表情时，女孩会哭泣、会伤心；相反，男孩却对妈妈的这种状况不怎么关心，继续玩耍。

正如本书的第一部分所提到的，我对于评判女性和男性的先天性差异非常谨慎，但不管怎么说，有儿子的妈妈们更担心孩子的共鸣能力，这是无可争议的现实问题。

如果您想提高孩子的共鸣能力，建议您尝试和孩子玩角色扮演游戏——把自己想象成另外一个人，站在那个人的立场上与孩子进行交流。

孩子们非常熟悉角色扮演游戏，特别是幼儿期的孩子们平时经常玩过家家、医生病人游戏等，这些都是在进行角色扮演。在角色扮演中，孩子扮演各种角色，创造出各种不同的情境：时而模仿上班的父亲，时而成为守护地球的机器人，时而成为给患者看病的医生。

所以不要把角色扮演当成简简单单的小孩子游戏，妈妈积极投入到角色扮演游戏中可以提高孩子的共鸣能力。提高共鸣能力需要经常站在对方的立场进行换位思考，而角色扮演游戏恰恰就是这样一种体验。

进行第三方立场的角色扮演游戏固然不错,但我还是建议妈妈与孩子互换一下立场。母子双方互换角色,站在对方的立场上进行对话。

我和儿子闹矛盾的时候,也经常玩角色扮演游戏。例如,当儿子早上不想起床时,或是不想吃饭时,又或者是撒泼惹我发火的时候,我就会对他说:"跟妈妈玩角色扮演吧!"这是我们母子之间互换立场进行对话的信号。

发生分歧说明双方立场不一致,这时候才是最需要双方产生共鸣的情况。

我和儿子在角色扮演中的对话,经常以这种方式展开——

扮演妈妈的儿子:早上了,起床吧。

扮演儿子的妈妈:啊嗯,好困啊。我想再睡一会儿。

扮演妈妈的儿子:不行,这都几点了?

扮演儿子的妈妈:就五分钟,昨天在朋友家玩得太累了。

扮演妈妈的儿子:现在起床,才能在妈妈上班之前一起吃饭。

扮演儿子的妈妈:我再睡一会儿,早餐喝牛奶就可以了。

扮演妈妈的儿子:起来起来,就等你开饭了。

扮演儿子的妈妈：放冰箱里不也可以吗？

通过这样的对话过程，我能理解儿子的心情，儿子也体会到了妈妈的用意。只有对彼此的立场产生共鸣，这些矛盾才会自然地迎刃而解。

不要觉得和孩子进行角色扮演游戏很尴尬，这些都是熟能生巧的事情，做着做着就习惯了。孩子也喜欢角色扮演游戏。现在我儿子都长大了，还经常和我进行角色互换呢。当我感到双方争执即将演变成打嘴仗的时候，就会说："儿子，我们来角色扮演吧！"儿子也想了解妈妈此时的想法，会喊："OK！"

我很推荐妈妈们通过电视剧、电影、童话书、新闻、报纸等多种媒体进行共鸣能力训练，想象自己成为某个人物登场，抑或是当自己处于那种情况下的情形，就此展开对话。

这时，与其单方面向儿子提问，不如妈妈率先说出自己的想法。这样会使与儿子的对话更容易。我主要利用电视剧情景，和儿子开展对话——

> 主人公为什么那么说呢？如果是我就如实交代了。
> 坦白的话肯定会被抓走啊，怎么能说实话啊。

- 换作是你，你也想那么狡辩吗？
- 不，如果是我的话，什么也不会说，就静静地待着。
- 那如果你是他们的话，会不会更怀疑静静待着的人呢？
- 这时候我当然会逃走啊。

如果说角色扮演是产生共鸣的直接体验，那么通过媒体产生的共鸣就是间接体验。虽然是间接的，但优点是可以对许许多多立场和状况产生共鸣。

不要总想着"儿子嘛，共鸣能力难免会比较弱"，并产生畏难情绪。相反，你应该这样想，"正因为是男孩，所以才更需要共鸣能力训练"。共鸣能力是否与生俱来并不重要，孩子的共鸣能力可以通过和妈妈的对话得到提高。多看多听，用不同的语言来感受它。

03
唤醒儿子恢复力的对话
没关系，总会有那样的时候

每个人在生活中都会经历挫折。孩子也一样，不管妈妈如何努力去守护，孩子们在成长过程中还是会经历种种挫折，而这就是成长的过程。经历磨难和挫折后重新站起来的力量，也就是通过磨难和挫折迸发出进一步成长的力量，就是恢复力。

简单来说，恢复力与弹簧是一样的。弹簧有弹力，所以用手按压后，会比原来弹得更高更远。我们内心潜藏的"弹簧"就是恢复力。经历磨难和挫折时，恢复力强的人可以克服；相反，恢复力较弱的人则会一蹶不振。

据说男性的恢复力弱于女性。由于"男人不能表现出软弱的一面""男人就应该在社会上取得成功""作为家长，男人就应该带领家庭"这些观点的盛行，导致很多男性宁肯选择逃避，也不愿承认自己的失败。

这种现象是在以男性为中心的家庭氛围中产生的。所以为了培养孩子的恢复力，首先要观察您的家庭是什么样的氛围。

要是您无法准确判断，请回想一下在家里有没有听过这样的话——

"男子汉大丈夫还哭，像话吗？"

"男子汉是不会哭的！"

"你要是再哭就变成女孩了。"

或者有这种情况,当儿子哭闹的时候,会比女儿受到更严厉的管教。

当您的儿子流泪时听到上面那些话,或出现上面那种情况,他就会认为自己的悲伤被否定。当这种情况反复出现,孩子就会越来越觉得不便表露出负面情绪。这种不适感最终也会强迫孩子习惯于"男子汉就不应该表现出懦弱的样子"。

可以说,恢复力强弱取决于在困难情况下如何处理好负面情绪。只有不逃避悲伤、愤怒、恐惧和失败感等负面情绪,勇于直视内心世界时才能克服它们。

请您务必谨记,不要说出遏制儿子负面情绪的话。同样也请您一定要禁用造成这种氛围的话语。

即便妈妈一再注意,爸爸或关系比较近的亲戚也有可能会对孩子使用这种表达方式。这时身为妈妈的我们应该出面制止。如果当时确实难以做到,妈妈应该另找时间安抚孩子的情绪。就像这样——

"很难过,所以才流泪了,对吧。难过的时候哭出来也没关系的,宝贝。"

既然已经说到妨碍提升孩子恢复力这个话题，下面我就告诉大家哪些话语会提升孩子的恢复力。

其实，关键在于经历失败以后，如何进行关于看待失败的对话。用"失败"这个词来形容，听上去好像是个大事，其实在日常生活中，我们多多少少都会经历失败。小孩子就更不用说了，搞砸课堂发言、解不了数学难题、运动会跑步摔倒、没完成作业、睡懒觉迟到，等等，都是孩子们有可能经历的失败。

失败很常见，但请不要因为是小事就忽视它。如何对待这种反反复复的日常失败，会决定孩子在未来面对大风大浪时，是否可以发挥恢复力。

首先，请您试着去安抚经历过失败的孩子。如果妈妈对孩子的失败做出严厉的批评，孩子必然会对失败感到恐惧。妈妈应该是安抚孩子的人，而不是做出严厉批评的人。此外，请告诉您的孩子，谁都会经历失败这一事实。

"没关系。生活总会有这种时候的。"

"心情不好吧，让妈妈抱抱。"

而母子间的对话焦点，除去失败本身，更应该注重失败的过程。

如果孩子在此过程中已经尽了最大的努力,请您一定要鼓励并表扬孩子——

"无论如何,妈妈都喜欢你努力练习的样子。"

"妈妈知道你已经尽力了,下次肯定会做得更好。到时候所有人都会认可你的。"

我是这样做的。虽然儿子的学习成绩没有达到我的期望值,但只要他付出努力刻苦学习,我也奖励了他零花钱。儿子大吃一惊:"妈妈,我成绩不是很好,为什么还给我零花钱?"

我回答说:"因为妈妈知道,你想学好那门课,并为此付出了努力,所以妈妈才给你零花钱啊。妈妈还知道,直到考试前一天为止,你还熬夜看习题呢。这种努力的态度才是最重要的啊。"

有时,妈妈也要将自己的失败向孩子表现出来,将妈妈小时候的失败经历,如实地讲述给孩子是不错的选择,又或者讲述作为妈妈在育儿过程中所经历的失败也是可以的。很多妈妈不愿在孩子面前承认自己的失败。诚如我之前所强调,孩子并不需要一个完美的妈妈。妈妈对待失败的态度和情感对孩子的恢复力提升尤为重要。

"我像你这么大的时候,也有过类似的事情。那时候,妈妈也和你一样难过。"

"这是妈妈的错。对不起,妈妈有时候也会犯错误。你能理解我吗?"

事实上,妈妈目睹孩子失败,心里并不舒服。有些妈妈甚至比孩子更伤心,不知如何是好。

人生是漫长的旅途,现在不是进入了"百岁时代"吗?孩子的失败在当下看起来像是一件能影响整个人生的大事,但从长远的角度来看,它有可能只是微不足道的小事。即使这次没有失败,下一次也有可能会失败。

拥有恢复力是儿子挺起胸膛、昂首面对漫长人生的基础。当孩子失败时,请您放下心中的不安与焦虑,试着与孩子进行提高恢复力的对话吧。

04
唤醒儿子自尊感的对话

妈妈尊重你的一切

自尊感可以理解为"尊重自己的情感"。自尊感强的人始终能维持积极的态度,与周围的人建立良好的人际关系。

因此,妈妈们要努力培养孩子的自尊感。同时,自尊感也成了子女教育的重要课题之一。

每次说到孩子的自尊感,我就不由自主地想起之前做咨询时遇到的一个小男孩。

这个孩子在咨询的过程中,不断炫耀着自己的家人:爸爸在一个大公司上班;妈妈从事很有意义的工作;姐姐在名牌大学读书;一家人和和睦睦,还经常出国旅游,等等。"啊,是吗?""哇,真不错啊!"我一边倾听着他的表述,一边连连点头夸赞。之后的咨询也都是以这样的方式进行的。

但有一天,这个小男孩突然向我坦白——

"老师,之前我一直在撒谎。我们家就是一个普普通通的家庭。

爸爸妈妈天天吵架，姐姐大门不出二门不迈，天天宅在家里。"

孩子的这一举动让我脑袋一片空白，半天说不出话来。原来这个孩子在不幸福的家庭中成长，日复一日的不幸遭遇，使他开始诉说自己理想中的家庭。每当孩子这么说的时候，就会遭到周围人的嘲笑。他对我说："只有您毫无怀疑地、耐心地倾听我的故事。"

我问他："那你为什么现在说实话了呢？"

他回答道："您是唯一一个相信我的话，并把这些全记下来的人。我现在才明白，会有人毫无保留地相信我。我也不想再说那些连自己都不相信的谎话。所以我打算以后不说谎了。"

这个孩子因为家庭环境的影响，毫无自尊感，所以他才会用谎言来伪装自己，显示虚假的自尊感。但当他遇到可以真正给予他信任的人之后，便开始正视自己，决定以后不再说谎。

作为一名咨询师，这可以说是我的疏忽，我没能辨别出谎言，而继续聆听孩子的故事。但这个失误反而让一个自尊感触底的孩子，第一次认识到自己需要的是"真实的自尊感，而不是虚假的自尊感"。

可以说，提升孩子自尊感的前提是妈妈对孩子的尊重。有了妈妈的尊重，孩子才能培养出自尊感。

那么为了提升孩子的自尊感需要进行哪些对话,大家也应该能猜出来吧?没错,就是妈妈尊重孩子的话语,才能让孩子产生"哦,我是值得让人尊重的人"这一认知。

但是在这点上,大部分妈妈存在一些误解,以为"不约束孩子",就可以维护孩子的自尊心。"决不能灭了儿子的威风",个别妈妈的此类潜意识,很容易造成这种误解。

有这种想法的妈妈会无条件地给予孩子表扬和鼓励,不分时间地点,也不分对错,她们都会偏向孩子,即使孩子蛮不讲理、撒泼打滚,她们也会顺着孩子的意愿。

在这种环境下长大的孩子会成为自尊感强的男人吗?肯定不会!相反,他们会成为自视甚高、患有"王子病"的男人。乍一看,他们的自尊感很强,但那只是依赖别人眼光的一种虚假的自尊感。这种自尊感并不是以自身坚实的内心为基础的,所以只要遇到些许挫折,就会迅速瓦解。

尊重孩子和放弃对孩子的教育是不一样的。倘若孩子因玩具与其他孩子发生争执时,顾忌孩子自尊感的妈妈会不分对错地说:"是他的错,下次不要跟他玩了,没必要跟那种孩子玩。"但尊重孩子的妈妈则不同。她会倾听孩子的诉说,安抚孩子的情绪,之后才开始教育引导孩子——

"你先拿了玩具,但他想要,是这样吗?你喜欢这个玩具,你朋友也想玩,所以你才不知所措了,对吗?即使是这样,你也不应该用力去拍朋友的小手,是不是啊?这是不对的,是不是?咱们邀请他一起玩,好不好?大胆去说一下吧。"

另外,我想再强调一点,我们在与孩子对话时,要肯定他身体的特征。因为培养自尊感是从对自己身体的肯定开始的。

从幼儿时期开始,我们就应该跟孩子开展肯定自己身体的对话。给孩子洗澡的时候说:"来,我们一起擦一擦胳膊,再洗洗小手,最后呢,该洗小脚了。"从小开始这种对话,让孩子认识自己的身体。当孩子成长到可以进行简单对话的时候,与其单方面地去亲吻孩子,不如向孩子询问"可不可以亲亲妈妈啊",等等。这种方式可以让孩子意识到自己的身体是宝贵的,绝不是其他人可以肆意摆弄的。

孩子的第二次性征时期也非常重要。对于孩子身体上的变化,妈妈们一定不要惊慌失措,这时候要祝贺他。我是这么做的:儿子从男孩转变为男性时,也就是第一次射精以后,我给他开了派对,就像给女儿开"初经"派对一样。派对的名字就叫尊重派对,意味着无论是男性还是女性,都应该尊重自己的身体。

我在之前关于性教育的书中,曾写过性教育的第一阶段是身体教育。身体教育既是性教育的第一阶段,也是孩子从儿童阶段转变为成人阶段自尊感教育的第一环节。

而我在前面所说的表现力、共鸣能力、恢复力,在本质上也是跟自尊感密切相关的。妈妈给予孩子最好的礼物并非财富或者高学历,而是自尊感。所以妈妈与子女对话的最终目的就是给孩子树立自尊感。

05
唤醒与儿子相互尊重的对话
怎么样,妈妈是不是很了不起

在前面,我们讲到"如何唤醒自尊感的对话",但仅仅懂得如何尊重自己的话,关于自尊感也只是达到一知半解的程度。

如何补全这种自尊感呢?只有当你认识到他人的自尊感,并尊重他人时才能完善它。也就是说,我们要把孩子培养成既尊重自己,又懂得尊重他人的人。这其实就是"相互尊重"。

儿子最先接触的人，跟他最亲密的人是谁呢？对，就是妈妈。所以孩子们需要先学会尊重妈妈。懂得如何尊重妈妈的过程，也是孩子进行尊重他人的练习过程。

关于我的这种观点，不少妈妈表示非常诧异："母子之间有必要进行这种对话吗？儿子当然会尊重妈妈啊。"然而，现实生活中有很多儿子，从小就不懂得尊重妈妈。

您听说过"偷拍妈妈"吗？据我所知，有一些上小学的男孩子们将偷拍妈妈的视频传到网上或者与小伙伴"共享"——有妈妈洗漱以后的素颜，也有妈妈酣睡的模样，这些都属于相对正常的。更有甚者，偷拍妈妈臀部，再将其放大；还会偷拍妈妈换衣服时露出来的内衣，等等。这些举动都非常令人震惊。

不要以为这种情况是少数孩子的猎奇行为就忽视不管。有些男孩子之间聊天时，也时常贬低自己的妈妈，如"昨天我家疯婆子，又向我发飙"，等等。

对妈妈的这种贬低，并不会仅仅停留在青春期的猎奇行为。随着时间的流逝，它会发展成对女性的厌恶、对社会弱者的歧视，还会发展成无特定对象的暴力行为。

懂得尊重妈妈的儿子，也会尊重恋人、女性朋友、女同事。因为他知道别人也和自己一样，是拥有自尊感的人，所以他才会关心别人，对他人以礼相待。

那么通过怎样的对话，能让孩子尊重妈妈呢？在开始交流之前，请细想一下您的自尊感。

绝大多数妈妈都对孩子有歉意。"作为妈妈，我想为孩子做的很多，但总觉得做得还不够。所以一直感觉亏欠孩子。"这是很多妈妈经常挂在嘴边的一句话。作为全职主妇的妈妈伤心地说："作为全职主妇，我是不是对孩子做得还不够好？"职业女性则会觉得："我在外边工作，是不是对孩子有些疏忽了呢？"

如果您也有同样的烦恼，请立即放下这种想法。用类似"我现在已经很努力了，能做到现在这种程度，我已经是非常称职的妈妈"这样的语言激励自己。

妈妈首先要树立起自己的自尊感，要作为一个有自尊感、有自主意识的独立个体，在孩子面前挺起胸膛。

让儿子看到妈妈通过某件事情实现自我价值，或者感到非常自豪的状态，也是不错的选择。关于职业的、家务的、兴趣活动或志愿者活动，这些都可以。请将您的经验和情感，积极展现给孩子。

"妈妈做到了,真开心啊,我现在很幸福。"

"同事都夸赞妈妈做的报告非常好!怎么样,妈妈厉害吧?"

之前,我谈过身体教育是自尊感教育的第 1 阶段。让孩子尊重妈妈,身体教育同样起到了很大的作用。就像孩子的身体是自己的,妈妈的身体并不属于孩子,同样也属于自己一样。妈妈要让孩子明白这一点。

举个例子。跟儿子一起玩耍,妈妈有时候也感到力不从心,有时身体疲惫,有时因为有心事。望着总缠着自己要一起玩的儿子,相信大部分妈妈都会有负担。"我是他的妈妈,怎能对他说不呢?"不要因为有这种想法而强忍不说,越是这种时候就越要向他说明情况。"妈妈现在很累,想静静地休息,绝不是讨厌你,等妈妈休息好了,再陪你玩,好吗?"

或许很多妈妈会觉得为难,这时不能因为"我是孩子他妈不能对孩子说'不'"而强忍,而是需要给孩子耐心地说明。

刚开始,孩子可能无法理解妈妈说的话,会一直缠着妈妈,但多试几次之后,他就会理解妈妈的意思,就会懂得尊重妈妈的时间、情感和心情,也就产生了尊重妈妈的意识:"那妈妈休息好了,再陪我玩吧。"

如此反复，孩子在这样的过程中自然而然地就学会了尊重妈妈。这就是学会尊重他人情感的练习之一。

我们的儿子需要的不是残缺不全的自尊感，而是完整的自尊感。只有自尊感强的男孩子，才不会成长为受不良社会文化影响的、有暴力倾向的男性。懂得尊重自我，也懂得尊重他人，这才是真正的自尊感。培养这种完整自尊感的前提，就是妈妈的自尊感。建议您将这本书介绍给您的爱人，为了儿子的将来，务必让爸爸正确认识到妈妈的自尊感对孩子的成长有多么重要。

第 4 章

母子充满尊重的对话，让儿子变成一生的朋友
——与幼儿期的儿子分情景对话的方法

01
送给说谎的儿子

只有你坦诚地说,我们两个人的关系才会变好

每一位妈妈都想把儿子培养成正直的人,认为"及时纠正儿子的不道德行为"是理所当然的事情。

如果孩子总是说谎,对于妈妈而言,肯定会非常头疼——

"我没有这么教他啊……"

"从谁那里学到的撒谎?"

妈妈此时的心情,会变得非常复杂。

但是,撒谎是孩子成长过程中一种非常自然的现象,没有一个孩子在成长过程中是不撒谎的。现在担心孩子撒谎的您,小时候是不是也撒过谎呢?如果某人说自己从没撒过谎,那才是真真正正的大谎言!

请仔细聆听幼儿时期孩子们的谎言,看看他们在什么情况下,说什么样的谎:有时他们会因混淆梦想、愿望与现实而撒谎;有时他们会因分不清过去、现在和未来而撒谎;有时他们在表达一些事情的时候，因无法做到收放自如，所以才会撒谎。

这时如果妈妈严厉地说："你什么时候变成这样了？为什么要撒谎？撒谎是不对的！"那么，只会让孩子变得唯唯诺诺。因为孩子一开始并不知道这是谎言，所以只会留下"妈妈好像不喜欢我说话"这种不愉快的印象。

那么孩子在什么样的情况下，会说带有明确目的性的谎言呢？最典型的就是，当他摔坏或丢失某件物品时，会说这样的谎言："不是我做的""不要问我，我也不知道怎么回事啊"，等等。此类谎言带有"千万不要去惹恼妈妈"的明显意图。还有一种情况，就是在其他人面前炫耀自己不曾拥有的东西，这时候说谎的目的是得到他人的好感或夸奖。

我想，要是这样的话，妈妈们会更担心发生第二种情况吧。既想默不作声，当作什么事情也没有发生，又担心孩子将来误入歧途，所以才会严厉地训斥孩子。

当然，纠正孩子的错误是每位妈妈的职责，但是也请您不要忘记，耐心的等待同样是妈妈的职责。

孩子在成长过程中，因为还没有足够的认知能力和判断能力，所以不计后果，谎言就会脱口而出。即便是带有明确目的的谎言，也绝不能被过分解读成"意图欺骗对方"的行为。要知道，有时候孩子怕妈妈生气，所以才会说谎。

当我看到儿子说那种一眼就能看穿的谎言时，我其实也非常担心。因为即使我跟他生气地说："不要撒谎！"也并不意味着他不会再撒谎，这让我很苦恼。

最重要的是，我通过观察孩子说谎的意图，进行了自我反思。我是不是对孩子的失误过于敏感了？孩子是不是怕我？我是不是对孩子一直想要的东西有反对意见？等等。

关于这些我跟孩子进行过深刻的交流——

"妈妈教训你的时候，你是不是很害怕？"
"你希望把那个东西放在家里吗？你想跟你的朋友炫耀，对吗？"

我根据实际情况，有时会温柔地说："妈妈喜欢听你说实话。""请你说实话，妈妈不会生气的。你能做到吗？""如果你不告诉妈妈，妈妈没办法了解你，你能说出自己的感受吗？"避免说出"不要再撒谎了，否则下回决不轻饶"等警告性的语言。

现实生活中，经常会有一些妈妈对孩子的谎言表现得非常激动。这已经超越了作为妈妈应该担心的基准线，此时她已经被愤怒的情绪所支配。

曾经，有一位妈妈脸色煞白地向我诉苦说："我的孩子谎话连篇，要是以后变成骗子，该怎么办啊？"听完这位妈妈用担心的语气讲完孩子撒谎的种种事例，我认为她的儿子也不是什么谎话连篇的骗子。那些谎话，不过是他跟同龄的孩子经常说的谎话而已。如果将愤怒的程度用数字表示的话，一般情况下，妈妈的愤怒程度在 3 到 5 阶段，但有些妈妈的愤怒程度，经常能达到 8 到 12 阶段。

遇到这样的妈妈，我会这样说——

"现在，问题好像出在您这边，而不是孩子那里。您以前受到过有关谎言的心理创伤吗？"

原来，在这位妈妈小的时候，因为父亲婚外恋，最终导致了她的家庭支离破碎，这些给她幼小的心灵带来了很大的创伤。基于父亲对家人说谎的事实，她从小就产生了"说谎一定是错的"的强迫心理。如今，自己的儿子说谎，她就感觉天都塌下来了。

因谎言而受到心灵创伤的妈妈，不难想象会对孩子的谎言出现过激的反应。但这不是教育，只是将孩子当成了自己的出气筒。

这样的妈妈即使承认了是自己的问题，也很难马上克制自己。心灵受到的创伤是需要很长时间来治愈的。所以这时候请您坦率地告诉孩子自己的情况。

> "愤怒程度如果可以分为 0 到 12 的阶段。当你撒谎的时候,妈妈的愤怒程度会达到第 9 阶段。妈妈显然是气过头了,对此我感到非常抱歉。妈妈正在努力做出改变。所以我需要你的帮助,以后能不能尽量不要跟我说谎。你能做到吗?"

孩子撒谎可能是妈妈们最普遍的担忧之一。我建议大家从更深的层面看待这个问题,不要对每一个谎言都作出过激反应。等孩子稍微再成长一些,那时候再严肃对待孩子的说谎问题也不晚。儿子上小学以后,我也曾因为他撒谎而久久不能入眠。关于这部分内容,我会在第 5 章跟大家详细讲讲。

02
送给挑食不爱吃饭的儿子
无论想吃什么,什么时候吃,都可以告诉妈妈

看到儿子津津有味地吃着自己做的饭,妈妈会感到很欣慰。与之相反，如果孩子不爱吃，只是象征性地吃两口就把碗筷放下来，妈妈会非常着急。"不想吃，不想吃！"妈妈使出浑身解数哄儿子，儿子就是不想吃饭。

我儿子曾经非常挑食。我好不容易做了美味可口的饭菜，他经常摆出爱搭不理的样子。没办法，我就跟在他屁股后面一勺一勺地追着喂，"来，就吃一口，乖，啊……"每当这个时候，我都在想我到底在做什么。

我觉得这样下去不是办法，决定做出改变，因为我觉得一直这么下去，只会费力不讨好。我开始用别的话语来代替"必须吃"这句话——

第一，让孩子自己选择吃饭时间。

"现在不想吃吗？那什么时候吃？"

"待会儿再吃。"

"那待会儿什么时候吃呢？半小时以后，可以吗？"

"嗯，半小时后再吃。"

"好的，跟妈妈说好了哦。"

让孩子自己来选择吃饭时间，比单方面规定用餐时间，更容易让孩子产生责任感。

您可能会担心,这样做会不会打乱孩子的饮食习惯。其实,我们是可以稍微灵活对待处于这个时期的儿童的。随着孩子们的成长,他们自然而然地就会适应正常的饮食规律。

第二,让孩子自己选择吃什么。

"这些蔬菜,你选一下想吃的吧。1号:菠菜;2号:牛蒡;3号:胡萝卜。"

"嗯……3号!"

"中奖号码为3号:胡萝卜!今天选了胡萝卜啊!"

"嗯,我要吃胡萝卜。"

"好的,给你选的胡萝卜。"

这么做,孩子同样会有责任感。这是因为并不是妈妈做的饭菜,所以有必须吃完的义务,而是给孩子提供了想吃什么和不吃什么的选择权。

第三,让孩子自己选择在超市买什么食材。

"妈妈想买面包,买什么样的好呢?你有想吃的面包吗?"

"我想吃吐司面包。"

"吐司面包也有好几种口味啊。原味的,牛奶味的,还是板栗味的呢?要哪一个?"

"牛奶味的。"

"好的,那我们买牛奶味的吐司面包,做一些三明治吧。"

我带着孩子在超市买菜的时候,面对琳琅满目的食材,曾有过这样的对话。这就让孩子意识到自己吃的食物并不是凭空出现的,而是将各种食材烹饪的结果。让孩子一起去买菜,等看到食物摆在餐桌上的时候,孩子的视角和与家人的对话也会有所不同。

这个过程也对孩子起到了经济教育的作用。和妈妈一起买菜的同时,他也知道了各种食材的价格。

第四,让孩子体验如何做料理。

"今天要做的料理是土豆沙拉。首先要将土豆洗干净,再削皮。"

"妈妈,土豆削完皮了。"

"真棒,下一步该做什么呢?"

"应该是煮土豆。"

"那得把土豆放进锅里啊。来,小心……"

我们一起去文化中心的儿童烹饪教室，边聊天边做了各种各样的菜。回家以后，他就对做饭表现出了兴趣。如果孩子对做料理感兴趣，那对做出来的美食就更感兴趣。

通过不断努力与儿子进行各种各样的对话，大大改善了儿子的饮食习惯。虽然儿子现在也有点挑食，但至少不像从前，为了让他多吃一口而搞得我筋疲力尽。现在，哄他吃饭的次数也越来越少了。

我尊重儿子成为一个"可以随自己的喜好吃东西的人"，而不是"有义务吃掉妈妈做的饭的人"。和儿子的这些对话，主要是围绕饮食习惯方面展开，但从根本来看，这既是自尊感教育，又是日常的自我决定权教育。

我给大家讲讲我妹妹的故事吧。有一天，上幼儿园的外甥缠着我妹妹，让她从大冰箱里拿吃的给他。这就让我妹妹觉得很不耐烦。之后，外甥又跟妈妈说自己想要一台迷你冰箱，自己的零食想自己做主。妹妹就满足了他的这个愿望。

有了迷你冰箱以后，小外甥发生了什么变化呢？既然什么时候都可以吃零食，手里会拿着零食不放吗？据说刚开始的那几天，因为好奇出现过那种情况，但没过几天他就开始做出了调整。外甥看到我，一边炫耀着自己的小冰箱，一边将自己在超市里选购的冰激凌递给我。我记得当时外甥非常可爱，所以到现在还有印象。

孩子挑食，不会马上出现营养失调，也不会影响他的成长。给予孩子自主吃饭的权利并不意味着改变他的饮食习惯，更不代表他会失去自制力。如果孩子不好好吃饭，身为妈妈，担心是在所难免的，但是如果您从更广阔、更长远的角度来看，应该学会放下当前的焦虑。

曾经因为挑食让我非常苦恼的儿子，现在也成了二十多岁健壮的小伙子，不仅会自己做饭，有时候还会给我做饭呢。小外甥现在也长大了，不会将迷你冰箱当成自己的专用零食柜。现在他家的迷你冰箱变成了保管我妹妹和外甥化妆品的小仓库。

03
送给对自己的东西有执念、不肯让步的儿子
我尊重你对自己物品的选择

对于孩子来说，和妈妈的关系固然重要，但与兄弟姐妹和朋友等同龄人的关系也很重要。作为妈妈，当然希望自己的孩子能与同龄人和谐相处，但小孩子之间，尤其是男孩子之间经常会吵架，甚至打架。他们经常会因争抢玩具或者其他东西，发生小规模"战斗"。

如果一个家庭有两个年龄相仿的孩子,那这个家里肯定会因这种琐事闹得沸沸扬扬。有位妈妈唉声叹气地说:"每天最累的就是给他们喊停。"

我儿子是独生子,但他也有跟同龄孩子的社交生活圈,有时也会带朋友回家玩,也会传出"不许碰那些东西"的声音。

当出现这种情况时,妈妈们大多会跟孩子说这些话——

"你是哥哥,让着弟弟吧。"
"作为弟弟,咱们让哥哥先玩吧。"
"朋友来家里玩,你就不能让着他吗?"

我们经常会在这种情况下,跟孩子说"让"这个词。

孩子主动做出的谦让应该受到表扬。但如果是妈妈强迫孩子做出的选择,就不是谦让了,反而是孩子的权利受到了侵犯。也就是说,妈妈侵犯了孩子的权利。

在这种情况下,各位妈妈经常说出的最糟糕的话,便是下面这句——

"这不是妈妈给你买的吗?所以,要听妈妈的话。"

即使是妈妈给买的东西,从送给孩子的那刻开始,孩子就享有该物品的所有权。如何使用这个东西,孩子完全可以自己做主。当然,他也可以决定是否允许其他人使用那个东西。

我给孩子买的东西,一般都会在上面贴上标签,然后对他说:"现在它是你的了,所以要好好珍惜它。"

我这么说既是给孩子传递"这个东西以后由你自己负责"的信息,也是提醒自己,要将这个东西视为独属于儿子的东西。

如果儿子因为属于他自己的东西,跟朋友吵架的话,我会这样问儿子——

"朋友想玩这个玩具,可以借给他玩一玩吗?"

因为是孩子的东西,理应征求他的意见。孩子点头说"可以",那就相当好了;如果孩子摇头说"不行",我也会尊重他的意愿,并向他提出别的对策——

"那么有没有其他玩具,可以借给朋友玩呢?"

这是向孩子提出另一种解决方案。"你能挑一个给他吗?"这时,让孩子自己作出选择,如果他表现出犹豫不决的话,您可以再提出一种折中的方案提示他——"这个怎么样？"

一般情况下，有了选择的余地时，孩子也不会太绝情。一开始，孩子也不是带有恶意而为之，所以这时候他也不会说全都不可以。

最后，不管孩子是做出了谦让，还是选择了其他玩具给朋友，我都会当着孩子的面，向他的朋友解释说："尚珉同意把自己的玩具给你玩，所以你也要为尚珉着想，好好爱护他的玩具哦。"或者说："尚珉想把其他的玩具借给你玩。这也是尚珉的玩具，所以玩的时候，希望你能爱护这个玩具。"

这样解释是为了防止男孩子之间因为玩具闹别扭、伤感情。无论是借出玩具的小朋友，还是没能玩自己想要的玩具的小朋友，双方都会觉得委屈。这时妈妈用这种方式调节他们之间的关系，会让他们意识到"现在我们双方是彼此尊重的关系"。

全天下的妈妈都希望自己的孩子成为一个懂得谦让的"乖孩子"，但是如果忽略了孩子的所有权，再怎么强迫孩子分享，也不可能让他成为好孩子。相反，一味地强迫孩子，会让他成为"不懂得尊重的孩子""不懂得什么是自我决定权的孩子"。

愿不愿意做一个主动谦让的好孩子，就请孩子自己做决定吧。不做一个乖孩子也没关系。

妈妈要做的不是把孩子培养成"乖孩子",而是要把他培养成一个"既懂得尊重他人,也懂得尊重自己的孩子",也就是懂得相互尊重的孩子——"懂得表达自我决定权,又能尊重他人决定的孩子"。

04
送给吵闹着要东西的儿子

如果你不哭,好好说,妈妈就考虑一下

在超市摆放玩具的区域,一个小男孩拉着妈妈的手,在大声哭闹。眼看孩子几乎要趴在地上:"我想要那个!妈妈,快给我买。"不知如何是好的妈妈,站在原地说:"我说了,走,快走,你这孩子……"

这种场景想必大家经常在超市、百货商场里看到。您是否也有过类似的经历呢?

给家长做咨询时常常会被问道:"孙京伊老师,孩子哭着喊着要东西的时候,您是怎么做的?"这时候我只能用适当的回答解释这个问题。因为我的儿子从来没有那样过。即使我先问他想要什么,他也只是摇摇头——

"儿子，妈妈现在要去商场买东西，你想要什么呀？"

"没有，不用给我买。"

"怎么了？没有想要的东西吗？"

"没关系。我知道妈妈没有钱。"

作为单亲妈妈的我，独自抚养一个孩子，日子确实过得比较拮据。我没向儿子隐瞒这一点。我平平淡淡地向他说明过这一切，以免让他觉得我是在发牢骚或是诉苦。

我觉得即使是小孩子，作为家庭的一员，也有必要让他知道家庭的经济状况。因为我想把儿子培养成有经济观念的人。

看着儿子摇头说不需要的时候，我的心里很不是滋味。虽然他没有表露出任何遗憾，但作为妈妈，我感到非常抱歉。

儿子长大以后，我回想了一下，发现那时候我给儿子传递了明确的信号——"哭、闹、缠着妈妈都没有用"。

事实上，这个世界上并没有刻意喜欢耍脾气的孩子。从孩子的立场来看，耍脾气的行为无论是从精神上还是肉体上，都要消耗大量的能量，是一件吃力不讨好的事情。较长时间的哭闹、耍脾气，也会导致孩子筋疲力尽。

那么孩子为什么要耍脾气呢？答案其实很简单——虽然过程比较累，但他总能得到自己想要的东西。比如，妈妈给他买了想要的东西，或者能得到其他的补偿。

也就是说，妈妈向耍脾气的孩子传达了这种信号——"哭闹、耍脾气，肯定会有成果"。

那些心软的妈妈或者不愿意给别人添麻烦的妈妈，很容易把这种信息传递给孩子。试想一下，在公共场所，一个妈妈守着一个耍脾气的孩子。这个妈妈很容易就会被人认为是"坏妈妈"。

所以，为了尽快结束这个尴尬的场面，妈妈只好选择满足孩子的要求——

"好了，好了，我给你买，快起来。"
"那个东西家里有差不多的。咱们挑别的吧，我给你买别的。"
"去吃好吃的吧，冰激凌，怎么样？"

但是，经过这次的成功，就会导致孩子下回有想要的东西时还会耍脾气。

不想让孩子耍脾气，其实很简单。就是让孩子体会不一样的结果——他再怎么耍脾气，也不满足他的要求。

但是，这并不意味着要像我一样如实地告诉孩子家庭的经济情况。我是因为当时情况确实不太好，所以才给孩子讲了这些，但是很多人的家庭情况，不至于像我当时一样拮据。家境如果还算可以的话，在孩子面前故意装穷是行不通的。更何况，对于一个习惯耍脾气的孩子来说，这个方法起不了任何作用。

要引导孩子多跟妈妈说话，而不是赖在原地跟妈妈耍脾气。如果孩子耍脾气，不要惊慌，沉住气，用平稳的语气跟他对话。

"不要哭，要告诉妈妈什么事情。妈妈会考虑的。"

即使这么做，孩子也不会立刻停止哭闹，他会想起之前的种种事情，继续耍脾气。这时候，请千万不要动摇，继续向孩子说明，只有对话才能解决目前的问题。这有可能需要"漫长"的时间，但最终孩子会接收到来自妈妈的新信号。孩子也会对耍脾气的行为感到疲惫，所以不会一直不停地哭闹。当孩子停止哭闹，开始说话的时候，请您注意聆听。如果您认为孩子想要的东西值得购买，那可以给孩子买，但一定要跟他强调——

"给你买东西，是因为你不像以前那样跟妈妈耍脾气，能好好跟妈妈沟通了。"

如果您认为没必要买孩子想要的东西，也可以不用买。但是一定要给孩子充分说明不买的理由——

"上周末已经买了玩具，所以这次就不买了。你已经有很多玩具了，我觉得没必要经常买玩具。如果下次你还是像今天一样不耍脾气，跟妈妈好好说的话，妈妈可以考虑给你买一个。"

您可以给孩子其他补偿，因为孩子没有耍脾气，学会了沟通。这个补偿可以是一句称赞，也可以是一个小礼物。

"你能够按照妈妈的要求，说出自己的想法，妈妈非常满意。走，妈妈给你去买好吃的。"

需要注意的是，当您不想理会孩子的无理要求时，也不要将自己的情绪表现出来。绝不可以生气地说："你以为这样，妈妈就会给你买吗？休想！别哭了！"也不可以威胁孩子："随你便吧，把你扔在这里，我回家了。"当然也不能这样："哎呀，你看看，大家都在笑话你呢，那边的大叔还说这孩子，哎哟……"更不能当着众人的面训斥孩子。这些做法会伤到孩子的自尊心。

因为这些行为不是在跟孩子沟通，而是用权威或是暴力的方式控制和指示。或许在那一瞬间，孩子会停止哭闹。但这种方式会带来更大的副作用，这会阻止他们学习用对话来解决问题。

不管是什么理由，只要您的孩子哭闹、耍脾气或是大喊大叫，您都可以灵活运用上述这些方法。您会发现，这些方法越用越有效果。

05
送给不愿与上班的妈妈分开的儿子
希望你尊重妈妈在外面做的工作

我一个人抚养孩子时，最困扰我的不是经济情况，也不是作为一个讲师四处走动，而是面对自己不得不离开时，那个说着"妈妈不要出去，陪我玩"的孩子。

有一天，我正准备出门，却找不到化妆品了。我的工作需要和人打交道，所以不能素颜，于是我感到非常尴尬。但没过多久，化妆品就找到了。儿子见到我有些为难，就坦白地说道："妈妈的化妆品是我藏起来的。"

原来，看我每次上班都会化妆，孩子就动了歪脑筋。他可能认为，如果化妆品不见了，妈妈就不能化妆了，也应该不会出门了。那天我开车上班的时候，心里非常难受。之后，我把化妆品放在了车上，因为我不想让儿子看到我化妆的样子。现在想起来，我都会非常难过。

很多上班的妈妈都体会过我当年上班时的心情吧。她们一边想着"太对不起孩子了……现在我的选择是正确的吗？""我出来赚钱真的有那么好吗？"一边又不得不迈开沉重的脚步去上班。

我怎么能没有愧疚之心呢？但我想让孩子从内心尊重一个身为上班族的妈妈。

那时候对我来说，辞职是不可能的。因为如果我辞职的话，我们两个人就没有经济来源了。既然现实让我不能停止工作，那么我不想持着"仅仅为了谋生的无可奈何"的态度来对待工作，我想以"既能帮助别人，对自己的家庭有所贡献，也要成为值得孩子骄傲的榜样妈妈"的态度来对待工作。

所以，我平时会对孩子讲我的工作内容及为什么要工作，也会跟他说我工作的必要性。这时候，不仅要从经济方面解释清楚，也要强调工作带给我的充实感——

"妈妈会倾听那些有困扰的人们的难处，并且给他们建议。还会给人们提示，避免不必要的麻烦。"

"人们喜欢妈妈做的事，也想听妈妈说话。凭借这份工作，妈妈会挣到钱，我们可以生活，也可以买到我们需要的东西。你花的钱，都是妈妈从这份工作中赚到的。"

"钱固然重要，但妈妈工作不全是因为钱。妈妈很喜欢现在的工作，我觉得这份工作，对这个世界很有帮助。"

"每当妈妈和人们见面聊天，给予他们帮助后，妈妈也会变得更有活力。妈妈在工作中也学到了不少东西。"

下班回到家，即使累了，我也把当天发生的事情告诉儿子。为了分享彼此的一天，也为了让儿子更详细地了解我的工作。

我也会很坦诚地跟儿子说起工作上遇到的问题。每当那时，儿子会对我的委屈表示同情，有时也会给一些建议——

"今天，我在学校做了一个讲座，但是妈妈好像没做好，孩子们的注意力不集中。"

"是吗？他们是不是很吵？妈妈肯定伤心了吧。"

"不是很吵，但是他们觉得很乏味。"

"那我告诉妈妈一些现在的流行语吧。我建议妈妈做讲座的时候，也说些流行语,并给他们看一些有趣的东西,怎么样?"

孩子对妈妈的思念和不能陪伴的遗憾,会因为我这样跟他解释了我的工作,就彻底消除了吗?我觉得不会。但通过这些对话,孩子可以理解妈妈的工作。所以尽管我因为工作经常不在他身边让他感到惋惜,但他也会意识到要尊重妈妈的工作。当儿子成长到能给苦恼的我提出建议的时候,他也能通过我间接了解到这个社会。

在跟孩子进行这些对话时,要有一个前提,那就是妈妈平时应该尊重孩子。如果妈妈只是单方面想让孩子尊重自己的工作,却不尊重孩子的方式或选择,那这是一件很荒谬的事。而孩子只会更加委屈,也会有更多的怨恨。

随着时间的流逝,儿子已经长大成人,也找到了自己的工作。最近他会详细地跟我讲他的工作内容、工作中遇到的人和工作中遇到的困难。

就像过去我告诉他我在做什么一样,现在他告诉我他在做什么。很多像我这样有成年儿子的妈妈都会苦恼地说道:"儿子现在做什么也不会说。""孩子在公司肯定发生了什么不愉快的事,但就是不跟我说。"而我就没有这种烦恼,对此我很感激儿子。

现在妈妈对儿子说的话，将来儿子也会对妈妈说。所以请跟儿子讲讲妈妈的工作，把儿子培养成一个尊重他人工作的人，尤其是一个会尊重妈妈工作的人，一个认可职业女性的人。

06
送给因被妈妈教训而垂头丧气的儿子
无论你做错了什么，妈妈都喜欢真实的你

训斥完儿子以后，收尾很重要。不管原因是什么，过程又如何，对儿子而言，被训斥终归不是一件令人愉快的事情。对妈妈来说，同样也不是什么快乐的事情，世上所有的妈妈都不喜欢训斥儿子。而训斥完儿子后，好好收尾才能算得上是"好管教"。

有位妈妈曾向我这样诉说——

"被我训斥以后，儿子总是会说：'妈妈不爱我。'我惊讶地说：'说什么呢，妈妈怎么可能不爱你？'儿子却坚定地再次强调：'不，你不爱我。'儿子说出这种话，让我感到十分内疚，会犹豫该不该这么教训他。但回头一想：'儿子为什么就不能理解妈妈呢？'于是难以控制心中的怒火,就更严厉地训斥他。"

"妈妈不爱我,该怎么办?"是每个孩子心里都有的一种恐惧。这是小孩子的一种本能,即使没有经历过妈妈的漠不关心或虐待,也会潜藏在他们心里。因为所有的孩子只有在妈妈的关怀下才能茁壮成长。

找我咨询过的许多孩子也吐露过这种恐惧——

"老师,妈妈不爱我。"

"我害怕妈妈不要我。"

很多孩子即便还没严重到接受心理咨询的程度,但是在被教训的时候,也会陷入到这种恐惧中。这时妈妈肯定会大吃一惊:"不是,我那么做是因为孩子有错在先啊。再说了,我平时也不这样啊。"但您要知道,孩子之所以是孩子,是因为他还不能像大人一样理性思考。"啊,是我做错了啊,所以妈妈才会那样啊。以后可不能再犯这种错误。"他可不会因为妈妈的训斥,会有这种成熟的想法。"妈妈不爱我",这种想法会让孩子陷入到本能的恐惧中。

我并不是说,妈妈不可以训斥孩子。我想说的是,训斥完以后,妈妈的下一步行动很重要。

以我的经历来说，在训斥完儿子以后，我首先要让他知道"妈妈很爱他"这一事实——

"妈妈很爱你，不是因为讨厌你，才训斥你的，而是因为……"

"妈妈很爱你，但是我觉得你刚才的行为是不对的。妈妈训斥你是希望你能改掉那种错误。"

当孩子被训斥的时候，他们会非常害怕。而恰恰因为害怕，他们会忘记为什么会挨训。如果不这样指出，孩子不仅不会反思，还很容易留下"妈妈对我很凶，妈妈很可怕"的印象。

妈妈训斥孩子是为了不让他犯同样的错误，而为了达到这一目的，必须跟孩子进行下列对话。

当我告诉他被教训的原因时，儿子就会这样问我——

"那么妈妈，除了这点，我其他方面都还好吗？"

听到这番话，我不禁会想"这孩子挨训的时候，也怕我不再爱他啊"，心里就很不是滋味。于是我紧紧地抱住他，再次强调："是啊，当然很好了。妈妈很爱很爱你，即便你做错了，或者做得不够好，妈妈爱你这件事情是永远不会改变的。宝贝,因为妈妈爱你,所以才希望你成为优秀的人,但是如果你总是犯这样的错误,就不能成为优秀的人。所以你知道为什么挨训了吧。"

孩子挨训后说出"妈妈不爱我"时,请妈妈们不要大惊小怪。孩子并不是否认您对他的爱,存心这么说的。这时候您应该将它理解成:"妈妈训了我,但她还是爱我的,对吧?"

如果妈妈做出慌张或激动的反应,孩子反而会更焦躁不安。请您这时候首先保持冷静,再次向他明确妈妈是爱他的,但是错的就是错的。

最后,我肯定会向儿子再次明确"我和儿子之间的关系"。

"对妈妈来说,和你相亲相爱才是最重要的。我之所以会训斥你,是为了让我们的关系变得更好。"

等孩子长大以后,就不会默不作声地挨训了,他们会拿出自己的主张顶撞父母。到那时,必然会有争吵。不过,即使有过这样的争吵,我的事后态度也是始终如一的。

"争吵是为了让我们的关系变得更好,是为了让彼此了解各自坚持的重要的东西是什么。"

现在我和儿子也经常吵架,而儿子就会这样收尾——

"妈,争吵是为了让我们的关系变得更好。您说是不是?"

07
送给讨厌学习的儿子
妈妈也想学习你要学的知识

曾经有位妈妈叹着气跟我倾诉道:

"儿子不耐烦地说:'我讨厌学习,以后再也不学习了。'你说,该拿这孩子怎么办呢?"

我猜这孩子是初中生或者高中生,至少应该在上小学。而通过交流才得知,他只是一个上幼儿园的小孩子。看着我惊讶的表情,那位妈妈向我解释说:"因为明年要上小学,所以想让孩子提前学一学。现在的孩子,光会写字是远远不够的,所以我就用练习册教他数学,还给他报了英语辅导班。他们这个年龄段的孩子里,这已经算是很普通了。但是孩子已经开始讨厌学习了，真叫人担心啊。以后上学的话，学业要比现在更多，怎么办呢？"

学习，当然很重要。我认为良好的学习习惯是孩子们必须具备的。在这里，我讲的学习是以开放的心态学习新的事物，并不仅仅是在学校取得好成绩，考上名牌大学。只有这种学习才可以帮助孩子在"百岁时代"的今天，撑起自己的人生。

所以学习要快乐。如果不开心不快乐，怎么能在漫长的人生旅途中坚持学习呢？要让孩子认识到学习并不是"再苦再累，也要做"，而是"因为有趣，所以才想学习"。

学习有时确实会很累，而想要战胜这些困难，首先要找到学习的乐趣。乐在其中的孩子们会自愿去学习，即使在学习过程中遇到种种困难，他们也会以乐观的心态去面对。

我父亲总是强迫我学习，他认为学习是"再苦再累，也要做"的事情，有意思的是，他同样也教会了我"因为有趣，所以才想学习"。

我父亲会在我成绩不好或者学习态度不端正时，狠狠地打我。说实话，用这种方式鞭策我学习真不是愉快的体验。但是父亲确实也让我亲身体验各种东西。正是得益于此，小学时候的我就学会了自己做饭，还用苹果做过醋。就这样在实践中让那些有趣的知识快速涌入脑海中,只是年幼的我当时还不知道,这也是学习的一部分。现在回想起来,才明白那才是真正令人记忆深刻、对人生有帮助的日常学习。

所以我更想让儿子体会到学习的乐趣。教英语时,我会利用儿子平时感兴趣的恐龙或游戏来让他熟悉单词;教历史时,我会让他去古代宫殿或者博物馆参观,以获得亲身体验。

儿子学习时,我也很重视跟他的交流——

"你学的是什么?可以告诉妈妈吗?"

"妈妈是大人,这个都不知道吗?"

"大人也有不会的东西啊。妈妈也有很多不知道的,所以我才想学你学的东西啊。"

"真的?那我给妈妈说一说吧。"

能将自己知道的东西告诉我,对儿子来说非常兴奋,他叽叽喳喳地非常认真地给我"讲解"。

通过这些对话,我不仅让儿子感受到了学习的乐趣,还教会了他一种重要的学习态度,那就是不要因为有不懂的东西就感到羞愧。不管是妈妈还是儿子,有不懂的只要认真学习就可以了。不懂又拒绝学习，这才是令人羞愧的事情。

具备这种学习态度的孩子，不管遇到什么情况、遇到什么人，都会毫不犹豫地进行新事物的学习。

我儿子的学习成绩并不是特别拔尖的，也没考上名牌大学，只是上了一所首尔的普通大学。即便如此，他上大学后发现"大学充满了竞争"，随即便退学了。老实说，他退学的时候，作为妈妈的我很难过，但当看到他凭借着在国内和国外的不同的体验，研究各种不同的事物，钻研并挑战自己感兴趣的领域时，我又觉得很欣慰。

08
送给凡事必须超过朋友才开心的儿子
没关系，不如别人也是很正常的，慢慢学习就好

有些孩子求胜欲极强，这样的男孩子比女孩子更多一些，不管做什么都要比朋友做得好才行。在家里，他们认为必须比弟弟妹妹强，有时候甚至还要比哥哥姐姐做得好，当结果达不到自己的预期时，就会闷闷不乐。这些孩子无法承认别人比自己强的事实，有时还会嫉妒或贬低比自己优秀的人。

当然也不排除天生具有这种性格的孩子，但请恕我冒昧地说一句，这些有可能是妈妈的性格导致的。妈妈平时经常跟别人比较或者有完美主义倾向的话，很有可能让孩子养成上述这种性格。

从幼儿园回来的儿子，会跟妈妈说他今天学到了什么，儿子期待的是妈妈的关心和称赞。而有些妈妈更关心孩子在班里的表现，跟别人比起来做得如何，有时还会跟某个特定的小朋友进行比较。所以她们会这样问——

"老师怎么说？表扬你了吗？"

"你也举手回答了吗？没举手？为什么？"

"他呢？他做得好吗？"

虽然妈妈没有明说，偶然间也会流露出高兴或失望的神色。孩子能非常敏锐地观察到妈妈的这些细微变化。

在日常生活中，有些爸爸甚至比妈妈更能激起儿子的求胜欲。可能他们认为这就是他们的职责，所以才会更积极地向孩子灌输这种"求胜欲"。

我经常跟儿子说这句话："没关系，你已经做得够好了。"

实话实说，孩子们一开始做得不好是很正常的。他们还处在成长期，所以也有可能比同龄人发育得晚。因为每个孩子的成长情况都不一样，而且他们所擅长的、感兴趣的也各不相同。

当我跟他说这些时，孩子就会反问我："妈妈，没关系吗？你说的是真的吗？"我会这样回答："是啊，学习就是学习嘛，每个人都有可能学得好，也可能学得不好。"

我个人觉得过程比结果更重要。同样，学习态度要比学习成绩和考试分数更重要。所以我想将这种想法，如实地告诉儿子。

听到这种话，儿子有时会高兴地说："是吗？"有时也会露出遗憾的表情："我还想做得更好……"如果是后者，就说明孩子对这件事情，有求知欲，想要做得更好，这时候我会跟他一起思考，帮助他以后能做得更好。最后，我会跟他强调下面这一点。

"你要努力战胜的对手是昨天的自己，昨天的你才是你真正的竞争对手。"

我并不是反对竞争。竞争当然很重要，而且很多时候我们也回避不了。但要向孩子明确这一点，竞争不是为了战胜别人，而是为了让自己变得更优秀。

有些人会指责我把现实想得太理想化了。他们会说："我也想那么养育孩子，但怕孩子无法适应这残酷的社会竞争。"

不久前，我从一位小学老师那里听到了这样的故事。

他说自己有幸去欧洲学校访问并在那里进行过一次教学。他在课堂上提议大家玩"抢椅子"游戏。准备少于班级人数的椅子，让学生们围成一圈，大家围绕着椅子转圈，听到信号后要抢到椅子并坐下。没抢到椅子的学生自然就会被淘汰。学生们听完游戏规则以后问："为什么要玩这种奇怪的游戏？"这些熟悉与他人合力完成某项游戏的学生，对于通过竞争将某人淘汰出局的游戏十分不解。讲到这里，这位老师说："我那时才明白，我们的社会是有多么习惯于竞争啊。"

所以，在孩子的成长过程中，请不要时时处处将儿子跟其他孩子进行比较。育儿不是竞争，育儿的目的不是培养比别人更优秀的儿子，而是将他培养成一个能和妈妈有着幸福关系的儿子。

09
送给对性器官感兴趣的儿子
自然而然地跟妈妈一起聊聊性吧

在日常生活中，妈妈和年幼的儿子不可避免地会看到对方的身体。这时候大部分人会认为："儿子还太小，不会对性别产生好奇。"但是性意识的觉醒，儿子要比妈妈预计的早不少。

和妈妈一起洗澡的时候，儿子会盯着妈妈的性器官，突然发问："妈妈为什么没有小鸡鸡？"

要是这种话从儿子嘴里说出来，那就说明您早该对儿子进行性教育了。当您觉得为时已晚的时候，恰恰是最好的时机，所以您不必为此感到懊恼，请马上开始对儿子进行性教育。

关于对儿子进行性教育，我虽然专门写了一本书，但在这里我要从对话的角度出发，叙述一下其重点内容——性教育在妈妈和儿子的对话中非常重要。读到这里，您大概非常想知道这是为什么吧？请允许我给各位简单地梳理一下吧。

首先，性教育是现代社会必备的教育。无论是男性还是女性，我们都要尊重他人，重视他人的自我决定权，这是时代的潮流。为了儿子能紧跟这一潮流，我们必须与时俱进，这就需要对儿子进行包括性认知、感受性在内的性教育。

而且性教育本身就是一种自尊感教育。身体教育是性教育的第一阶段，也是自尊感教育的第一阶段，这些内容我在第三章已经说过。性教育是让孩子肯定自己的身体，孩子的自尊感也从这里开始萌芽。

还有最重要的一点，性教育可以提升母子关系，继而超越父子关系。请大家回顾一下，我在第二章说的"人际关系的 6 个阶段"，最后一阶段是"探讨有关性的话题"。不经过性教育阶段，就无法和孩子成为一生的挚友。

您可能会有这种疑问："非要跟儿子谈有关性的话题吗？彼此都会感到尴尬吧？"两性在我们的日常生活中是非常重要的话题。如果不谈性的话题，那么跟儿子的对话就会非常有限。更何况，现在的孩子们更易接触到与性有关的知识和话题。如果妈妈平时将关于性的话题列为禁忌的话，儿子会有一种先入为主的成见和错误的判断。

那么，对孩子进行性教育应该从哪里开始呢？从正确识别人体器官开始就好。我是跟孩子一起看书，告诉他人体各个器官的名称，同时也告诉他性器官的具体名称——

"这是阴茎，也可以叫它小辣椒，但我们应该叫它阴茎。阴茎也需要经常清洗。"

"妈妈的这个部位叫阴唇。男人有阴茎，女人有阴唇，形状各不相同哦。"

"为什么我有阴茎，妈妈却没有呢？"如果有过上述对话，儿子就不会问这种问题。后来,儿子青春期第一次梦遗的时候,在我给儿子开的尊重派对上,儿子大喊道:"谢谢你,阴茎!"

等孩子稍微再长大一点,就会问:"宝宝是怎么来的呢?"这时候大部分人会含含糊糊地说:"嗯……那是因为爸爸和妈妈相亲相爱,才会有宝宝的哦。"又或者是:"爸爸和妈妈晚上一起睡在一个被窝里,第二天妈妈的肚子里就有你了啊。"

孩子非常小的时候,可以用这些理由蒙混过去,但孩子提出这种问题,可能是他需要一个更具体说明的信号。这时候可以利用积木来开展性教育。找出凸出来的积木和凹进去的积木来进行具体说明——

"来,看看,男孩和女孩的性器官中哪个是凹进去的,哪个是凸出来的?"

"凹进去的是女的,凸出来的是男的。"

"对,就像两块凹凸的积木可以合在一起,长大成人后,如果两个人彼此相爱的话,他们的性器官就会这么相遇。"

要是觉得孩子已经充分理解的话,根据他的年龄再给他进行补充说明即可。例如,男人的精子和女人的卵子如何相遇、怀孕后女性的身体会有哪些变化,等等。

不仅是对我的孩子，我在幼儿园进行性教育的时候，也用过积木，效果非常不错。新生命的孕育和诞生，在孩子们看来是非常神奇的事情，而且还是用他们平时经常接触的玩具来说明，这让他们非常感兴趣。

许多有儿子的妈妈总觉得对孩子进行性教育有心理负担。她们说："作为女性的我，跟儿子讨论关于性的话题十分尴尬。"所以会拜托爸爸："老公，你跟儿子好好聊聊吧。"或者是单方面认为"幼儿园或学校应该会好好教这些吧"。

当然，爸爸和教育机构同样是性教育的主体，妈妈不能独自一人承担儿子的性教育，但妈妈也不能在儿子的性教育中置身事外。因为妈妈是儿子人生中第一次接触且关系最密切的女性。最重要的是，想要和儿子成为一生的挚友，也为了儿子，妈妈对儿子的性教育是必不可少的。

这是我儿子在小学五年级时经历的事情，他那时已经提前接受过性教育。同桌的女生第一次来月经，裤子上沾了些血。男孩子们因为这件事情开始嘲笑他的同桌。儿子说："她这是成为大人了，我们还是小孩子，大家不要嘲笑她！"但其他男生变本加厉地嘲笑他们俩"互相喜欢上咧"。同桌终于忍不住哭了，儿子见状递给她一张小纸条——

"对不起,我替那些男孩子向你道歉。祝贺你第一次来月经。等下我把衬衫借给你,你围在腰上去保健室吧,老师会教你如何使用卫生巾。再次祝贺你第一次来月经。你的同桌。"

10 送给总是偷看妈妈洗澡的儿子

身体的主人是那个人自己,要学会尊重

一些有儿子的妈妈经常问我这样一个问题:"大概从几岁开始,妈妈和儿子要分开洗澡呢?"我向她们建议,5岁左右是最佳时期。

后来,有些读者又提出了更多的问题——

"就像您说的,从儿子5岁开始我就跟他分开洗澡,儿子也适应得还不错。现在也已经过了一年。但是最近,儿子总是在我洗澡的时候以各种借口闯进来,不是要尿尿,就是要刷牙。"

"在家里一直由我老公来帮儿子洗澡,他也渐渐习惯跟爸爸一起洗澡。但到了7岁之后,他会在我洗澡时伸头进来,我问他干什么,他就说没什么。"

"我家有两个孩子,上小学二年级的女儿和上一年级的儿子。前一阵女儿跟我说,洗澡的时候不想让弟弟进来。通过交流我才知道,原来这小子总是挑姐姐洗澡的时候,以尿尿为借口闯进去。"

之所以会这么问我,是因为妈妈从儿子的种种行为中感到了异样和担心。是的,这位妈妈的这种直觉是正确的。儿子现在对女性的身体感到好奇,所以才会以各种借口去看妈妈和姐姐洗澡。简单来说,这就是对性的好奇心。

但也不用把儿子的这些行为看成是严重的问题。当然,要是成年男子这么做,问题就会很严重,甚至可能犯罪。但年幼的儿子在成长过程中表现出这种行为,我们可以视它为一时的好奇,只要制定正确的规则,就能规范儿子的这些好奇行为。

这时候,不要向儿子发火,也不要睁一只眼闭一只眼敷衍了事,要趁这个机会向儿子讲清楚洗澡礼仪——

"洗澡也是有礼仪的。最基本的礼仪就是别人洗澡的时候,要充分尊重他人洗澡的时间和空间。即使是最亲近的家人也不例外。"

连洗澡的礼仪也要教给儿子，可能会让您觉得很麻烦。有人不禁会想："直接锁门洗澡不就行了吗？"但是，如果孩子做出这种行为，就有必要教他洗澡礼仪。我们可以通过对话，明确告诉他哪些是错误的行为，应该要怎么做，等等。

教洗澡礼仪的时候，与其让妈妈单独说给儿子听，不如大家一起开个家庭会议。只有这样孩子才不会觉得："哎呀，妈妈又开始唠叨了。"而是会认为："哦，妈妈在说很重要的事。"这样他就会认真听妈妈所说的每一句话。

当然，有些妈妈会在儿子洗澡的时候，不经儿子的同意就推门而入。因为这些妈妈认为儿子还小，推门而入也不会有什么问题。这种做法也是不对的。

既然已经分开洗澡，那么妈妈也不能在儿子洗澡时推门而入。因为洗澡礼仪是需要相互遵守的。不能只让儿子、男人，还有年幼的孩子们遵守。妈妈也要以身作则，树立模范形象。

给大家一个小提示吧。我每次洗澡之前都会对孩子说"妈妈要洗澡了"，这就相当于给孩子一个"妈妈要洗澡了，要按照我们之前的约定，遵守洗澡礼仪"的信号。

有些家庭可能嫌麻烦，所以即使要洗澡，也不会向家人打招呼。

"就是洗个澡而已,有必要说吗?"其实真要开始做的话,很快就会习惯的。我们家就是一直这么做的。无论是儿子小的时候,还是已经长大成人的现在,我们洗澡前总会向对方打招呼。

就拿我儿子来说,可能是因为我很早就给他做过关于性和洗澡礼仪的教育,所以他至今也没有想过要看我洗澡。但是有过特殊情况,就是儿子十分想看我在生理期时如何换卫生巾。

儿子看我拿着卫生巾进卫生间,就央求我:"妈妈,妈妈,我能一起进去吗?我想看一看,可以吗?"可能是因为性教育做得好,他知道的生理知识也多,让他对月经产生了好奇心。

这时候我会向他再次强调性教育的重点,就是对身体的尊重。

> "妈妈不是已经说过了吗?身体是属于主人自己的,对吗?妈妈的身体是妈妈的,给不给看,要由妈妈决定。"

洗澡礼仪在很大程度上也可以说是对身体的尊重,其原则就是要尊重他人对自己身体的决定权。为了学会尊重他人的身体,请和儿子一起开家庭会议,制定洗澡礼仪吧。

⓫ 送给讨厌去医院的儿子

很害怕吧，是不是很难受

我认识的一位妈妈因为孩子的乳牙出了点问题，所以要带孩子去医院口腔科，说着说着她就开始唉声叹气了。周围亲朋好友安慰她道："这在孩子的这个年龄段，经常会发生，不用担心。"

"我倒不怎么担心乳牙会有问题……但孩子一听说要去看牙医，就开始又哭又闹，到口腔科还会变本加厉地大声哭闹，我担心的是这个。每次去医院都是这样。"

没有哪个孩子喜欢去医院，大多数孩子甚至不愿意进医院大门，要是给他打个针，那哭声生怕别人不知道。

医院本来就是个安静的地方，所以孩子的哭闹声会格外显眼，更令人烦躁。妈妈为了照顾生病的孩子，在已经筋疲力尽的情况下，还要忍受来自他人的异样眼神，作为妈妈，我对此深有感触。

我认为在这种情况下，最痛苦的还是孩子，因为孩子正直面内心深处的恐惧。这种可以说是本能的恐惧，孩子很难用理性来克服。

所以妈妈再怎么鼓励说"你要坚强，要忍住"，孩子都不会听进去的。"你要是再哭，医生就过来骂你了"，这种话只会让孩子更害怕。

我们首先要理解孩子的恐惧："妈妈充分理解你的心情，但妈妈向你保证，你不会发生任何意外。"我们要给孩子传递这种正能量的信号。

"很害怕吧，是不是很难受？生病了一定要去医院。看完医生以后，你会好很多的。妈妈跟你拉钩。"

孩子一听到"医院"两个字就非常不自在，所以很多妈妈会对孩子说谎："我们去吃好吃的怎么样？"先将孩子带出门以后，再到医院就诊。

在这里，我想奉劝大家，千万不要跟孩子说谎。说谎虽然暂时能缓解孩子的紧张情绪，但孩子会觉得没有得到妈妈的尊重，当然，也不会消除孩子本能的恐惧。

反倒是跟孩子实话实说会更好一些。在去医院之前，跟孩子多谈谈接下来会发生的事情。例如，事先告诉他，他的身体出了什么问题，为什么要去医院，以及去医院要做什么，等等。即使是比较严重或难懂的内容，也要根据孩子的实际情况，进行针对性说明。

不管在什么情况下，爸爸妈妈永远是孩子的第一个榜样。如果有机会，妈妈可以作为患者，给孩子树立一个榜样。儿子小时候，我经常带着他一起去门诊室和注射室。这样儿子就会看到医生给我看病的情况，也观察过护士给我打针的情况。总而言之，就是让儿子观察我在医院就诊的全过程。

"妈妈因为身体不舒服才来的医院，妈妈也不喜欢来医院。但是，来医院是为了让妈妈快快好起来，这样就能跟你一起开心地玩耍啊，所以我才会来医院打针。"

给大家一个小提示，请试着找那些善于跟小孩子沟通的医生给孩子看病。医生也不是圣人，医生的性格也各不相同，有些人善于跟孩子交流，有些人则跟孩子比较疏远。当孩子哭闹时，医生要是不知所措的话，妈妈也会觉得尴尬，孩子也会更害怕。要是医生鼓励孩子说："你真勇敢，一点也不害怕哦，真厉害！"孩子就会觉得自己得到了大人们的认可，从而减少对医院的抗拒心理。

我曾经也为了能让这种善于沟通的医生给孩子问诊，到处打听过。这些医生让我和儿子受益良多。现在儿子已经长大成人了，不会在医院又哭又闹，但要是身体不舒服的话，还是会找那些善于沟通的医生就诊。

12
送给讨厌"女孩子颜色"的儿子
世界上没有所谓的男孩子颜色和女孩子颜色

据说,韩国的妇产科医生在提前告知孩子性别的时候,经常会这么说——

"请准备蓝色的衣服。"
"该买粉红色的衣服了。"

很明显,蓝色衣服和粉红色衣服分别代表儿子和女儿。婴儿出生后,买新生儿衣服时,又会如何呢?店员的第一句话,是不是这样呢——

"是王子(男孩),还是公主(女孩)?"

如果回答是儿子的话,店员会拿出很多蓝色的衣服;如果回答是女儿的话,就会给你展示许多粉色的衣服。

儿子是蓝色，女儿是粉红色，就像某种公式一样，曾一度被大家奉为"真理"。我在大学所学的专业就是服装学，所以用颜色区分性别的这种偏见，让我非常无奈。衣服有许多颜色和各种各样的款式，可供我们选择，不是吗？怎么能在找到适合自己的颜色之前，被限制在所谓的男孩子颜色、女孩子颜色这种特定的框架里呢。

最近，反对这个公式的妈妈们也逐渐增多了。我周围也有一些妈妈会故意给孩子选绿色、紫色、褐色等"性中立"颜色的衣服。她们甚至说："男孩子，就该穿粉红色的衣服。"然后毫不犹豫地给儿子穿上粉红色衣服。

事实上，这种关于颜色的公式，其历史并不久远。一百多年前，在美国就将粉红色推荐给男孩，蓝色推荐给女孩，这与现当代流行的趋势截然相反。穿着粉红色衣服的欧洲王室小王子的肖像画，同样也流传至今。所以，我非常欢迎妈妈们打破这种颜色公式的壁垒。

孩子是没有偏见的。只要妈妈从孩子小时候开始，不管是粉红色还是蓝色，都平等地对待所有的颜色，那么孩子长大后也不会用颜色来区分性别。有些妈妈还说："我儿子更喜欢粉红色。要是让他自己选，他就会选粉红色。"

原来对颜色没有偏见的儿子，突然开始用男孩子颜色和女孩子颜色来划分性别，会让妈妈错愕不已。一年之后，原本说儿子更喜欢粉红色的妈妈，非常不解地说道——

"马上要开学了，为了给他买书包和运动鞋，带他一起去了百货商场。到了柜台，他说：'我不要女孩子颜色。'我问他：'什么是女孩子颜色？'他用手给我指了指粉红色，又说：'因为我是男孩子，穿女孩子颜色的衣服，会被朋友们嘲笑。'"

在此之前，如果妈妈没有给孩子灌输过关于颜色的偏见，可孩子还有这种反应的话，那很有可能是受到了周围同龄人的影响。"男孩子，为什么穿粉红色？"也许是在幼儿园，又或许是在学校，有男孩子因为穿粉红色的衣服受到了朋友们的嘲笑。

仔细观察孩子们在一起玩的时候，我们不难发现这些迹象。据我观察，反而很多女孩认为"女孩子颜色＝粉红色"。如果周围的大人在她们穿粉红色衣服时称赞："哎呀，你可真漂亮！"就会给她们留下很深的印象，同时也会加强她们对粉红色的喜好，继而会使女孩子认为粉红色就是女孩子的颜色。当然，我的这种分析并不是想要责怪女孩子，这仅仅是成年人的一种偏见而已。

当孩子开始区分男孩子颜色、女孩子颜色的时候，妈妈一定要明确告诉他,这是一种成见。

"粉红色不是女孩子专属的颜色,它只是粉红色;蓝色也不是男孩子专属的颜色,它也仅仅是蓝色而已。女孩子也可以穿蓝色,男孩子同样也可以穿粉红色。谁要是嘲笑你跟女孩一样穿粉红色的话,那是他们的错。那时候你应该大声说出来:'这世上从来就没有什么女孩子颜色、男孩子颜色!'"

如果妈妈只是说这些话,那显然是不足的。妈妈说的话虽然没错,但孩子却很难接受并认同它。

我建议采用说教与游戏并行的方式,跟孩子一起玩涂色游戏。在游戏过程中,观察孩子到底喜欢什么颜色,其理由是什么。再注意一下孩子给什么人物涂上什么颜色,用什么颜色来表达什么情感。在涂色游戏中,妈妈就能自然而然地了解孩子对颜色的认知倾向。

要是孩子对男孩子颜色、女孩子颜色有偏见的话,请试着用对话引导他们,自由地运用各种颜色涂画。

"爸爸穿粉红色毛衫,我觉得会更好看。我们试着涂一下?"

"你也可以给自己画上粉红色衣服。要试一下吗?"

"妈妈为什么是粉红色?能给我涂上妈妈喜欢的蓝色吗?"

在儿子小时候，我经常会跟他一起看服装样品，以颜色为主题展开对话。我会告诉他颜色的具体名称，也会告诉他今年的流行颜色及其流行的原因。

"这是青紫色，这是紫红色，虽然看起来很相似，但仔细看还是有区别的，对吧？"

"今年流行的是黑白色。看，上下都穿黑白色的话，感觉怎么样？"

像这样，与其让孩子拘泥于男孩子颜色、女孩子颜色，不如培养他对颜色本身的认知。我儿子现在已经成年了，从事摄影工作。有一次，他对我说："以前妈妈给我讲的许多颜色，对我现在从事的摄影工作帮助很大。别人都说我作品的颜色，给他们留下了很深的印象。"

颜色并非仅限于对性别的认识，它还涉及种族偏见等敏感话题。过去我们非常自然地使用过"肤色"，但随着越来越多的人意识到这是歧视其他人种的一种表现，便用"杏色"来代替原有的名称。孩子们现在用的蜡笔中，已经找不到"肤色"这个词了。

我有一个梦想，希望我们的孩子对性别或种族没有偏见，能自由地欣赏和挑选自己喜欢的颜色。为此，希望各位妈妈也勇敢站出来，告诉孩子们不要对颜色有任何偏见。

第 5 章

与妈妈的对话，让儿子的成长更上一层楼
——与小学生儿子进行分情景对话的方法

01
送给想要欺骗妈妈的儿子
如果你欺骗了妈妈，我们的关系就会变差

我在前面讲过，不要过早地严肃对待幼儿期儿子的谎言。但等孩子再长大一点，情况就不一样了。要是还像以前一样，认为"还是孩子""那个年龄段都会说谎"的话，会发生一些令你措手不及的情况。"竟敢欺骗我……"，有的妈妈甚至会因儿子的谎言，心中充满遭到背叛的感觉。

我儿子曾订阅过数学练习册。因为我是一个人抚养儿子，所以没时间去好好辅导儿子的学习。儿子白天做的数学练习题，我只能晚上下班回家后再批改一下。

有一天我在批改的时候，觉得很奇怪。儿子竟然把所有的数学题都做对了。作为家长，我本该高兴才对，可又觉得不那么现实，因为他之前也没全都做对过。我问孩子，他立马承认，抄了后面的答案。

"你这样骗妈妈，以后能有出息吗！"我顿时火冒三丈，强忍住要骂他的冲动。为了能从儿子的立场上换位思考，出门散步后我试着将我的问题和儿子的问题分开思考。回家以后，我就问儿子：

"在你抄答案的时候,怕被妈妈知道,肯定很紧张吧。你一定很辛苦吧。你是担心妈妈会不喜欢答错题的孩子,对吗?"

听到我的话,孩子哽咽地说道:

"妈妈,您怎么那么了解我呢?"

原来,在身心疲惫的状态下批改练习题时,错题出现次数较多的话,我会不知不觉地流露出不悦的表情。儿子说望着那样的我感到非常难过。听完儿子的解释,我不由得流泪,抱住他久久不能自已。

"妈妈对不起你。原来妈妈也有做错的地方啊。不过比起你做对很多数学题,妈妈更喜欢你的诚实。最重要的是我们双方的信任,知道了吗?"

孩子哽咽着点了点头。从那以后,就再也没有发生过抄答案的事情了。

那之后就再也没发生欺骗我的事情了吗?怎么可能呢。在那之后不久,发生了一件更严重的事情——

有一天,儿子电脑培训班的老师打来电话,让我尽快交教材费。可我明明记得前几天刚把教材费交给了儿子,于是我问儿子怎么回事，他不慌不忙地回答："我交了教材费。"要么是培训班搞错了，要么是儿子在说谎。面对这种局面，我陷入了沉思。

这种情况通常是儿子在撒谎，我大致也猜到了。即使我再怎么反复询问儿子，他就是一口咬定自己已经交过教材费了。这太令我难过了，那几天我翻来覆去地睡不着，睁眼等天亮。

经过几天的思考后，我还是决定跟儿子说：

"这是妈妈最后一次问你，如果你跟妈妈说实话，妈妈就不教训你了。"

直到这时候，儿子才肯说出真相。正如我所料，确实是儿子说谎了。他说，交教材费的那天，他跟好朋友们一起玩，请他们吃好吃的了。原来儿子非常羡慕那些零用钱比较充裕的小朋友，可以大大方方地请其他人吃东西。那天他正好书包里有钱，所以发生了上述事件。

那次我也和孩子一起号啕大哭。孩子因为欺骗了我而感到伤心，而我伤心则是因为没能给予孩子足够的零用钱。之后，我和孩子拉钩做了约定——

"妈妈最大的心愿，就是永远和你友好相处。但如果你欺骗妈妈，我们的关系就会变差。妈妈不希望变成那样，你也不愿那样吧？所以

我们再也不要互相欺骗对方了。"

当然，说谎是不对的，但是在训斥孩子说谎之前，有必要聆听孩子为什么会说谎，而且我们要理解孩子当时的心情。

每个说谎并试图欺骗妈妈的孩子，都有"我说实话，妈妈也不会理解我"的前提。再怎么教育孩子不要说谎，只要这个前提一直在孩子心里，那他就会一直说谎，甚至会变成一个更善于说谎的孩子。

请信任您的孩子。请给予他"只要说了实话，妈妈就会理解我"的理念和舒适感。从那之后，儿子对我非常诚实，有时我还会开玩笑地说道："别的孩子在这种时候，多少会说一些善意的谎言，你连这也不会吗？"

02
送给说脏话的儿子

如果妈妈说脏话，你的心情也不会好吧

作为妈妈，我希望儿子千万不要学说脏话，但事与愿违，只要孩子能听到周围的声音，那他就有机会跟脏话接触。要么是从周围的大人或朋友那里听过，要么是在影视作品中学会说脏话。

我希望儿子能说话文明。但是，有一天，从儿子的嘴里蹦出了脏话。

"我×××。"

我不太记得当时的具体情况，应该是儿子在玩电脑的时候。当时家里的氛围挺好的，没发生什么特别的事情，就是平常的一天。但就是在这种情况下，儿子突然说出脏话。

我吓了一跳，瞬间就愣住了。在那一刻，时间仿佛都停止了。经过短暂的沉默后，我下意识地喊道：

"我×××。"

我准确无误地重复了儿子刚才说的脏话。这次孩子吓得呆呆地看着我。我反问他：

"我这么说脏话，你感觉怎么样？听到脏话，你也不高兴吧？"

"……嗯，您听到我说脏话，不开心了吗？是为了告诉我这些，才说脏话的吗？"

我觉得正好可以借这个机会，给儿子讲一讲这些脏话。所以我用非常严厉的语气跟他说：

"妈妈不喜欢脏话，所以不希望从你这里听到脏话。尤其是在妈妈面前，你绝不能说脏话。妈妈可以听你说任何其他的话，但我绝不想再听你说脏话。"

其实我也明白，想让儿子完全不说脏话，并不现实。在他们同龄的朋友圈中，说脏话有时候可以用来加深彼此的友情，或是一种不被朋友轻视的方法，这种情况在现实中随处可见。这种情况在女孩子之间也存在，只不过在男孩子之间更为普遍。

但是您要明确地告诉孩子，根据交谈的对象和情况，需要注意自己的用语。让他们意识到，这不仅仅是说不说脏话的问题，而是是否尊重他人的问题。

这时候不能让孩子误以为"在外面可以随便说脏话，只要在妈妈面前不说脏话就可以了"。要让孩子认识到，脏话总归是不好的语言，完全可以用许多中性语言来代替。特别是男孩子，虽然不能让他们马上停止说脏话，至少从小就应该让他们知道"说脏话是不好的行为"。只有这样，等他们长大成人后，在社会生活中才不会成为满口脏话的人。

自从被我严厉地训斥后,儿子再也没有在我面前说过一句脏话。无论是上小学、初中,还是高中,一直都没有再发生过类似的事情。

不只是和我单独在一起的时候,跟朋友们一起在家玩的时候也一样。我在想:"小家伙们都是男孩子,会不会爆粗口呢?"我以为他们之间会说一些脏话,就悄悄地关注了一下,结果别说是脏话,连那些有点难听的话都没有听到。

有一天,我称赞直至上高中都没说过一句脏话的儿子,他却微笑着说道:

"哎呀,看来妈妈不太了解我呀。其实,我也……不是完全不说脏话的。"

"嗯?你说脏话吗?什么时候?"

"在学校跟朋友们一起的时候。但那也比其他人次数要少很多,尤其是在妈妈面前我更不会说。我知道妈妈不喜欢我说脏话。"

"你在家跟朋友们一起玩的时候,我也没听过你说脏话呀?"

"那是因为我提前跟他们说好了,我妈妈不喜欢听脏话,所以让他们注意点。"

听儿子这么说，我心里非常感激他跟我说了实话，更感激的是至少跟我在一起的时候，为了不说脏话而付出的努力。那段时间，儿子一直为我考虑，克制自己，不说脏话。当然，作为妈妈，我也不忘再叮嘱他。

"谢谢你在妈妈面前克制自己，不说脏话，那既然如此，我希望你在外面也能少说脏话。谢谢你跟妈妈说了实话。"

03
送给希望妈妈能再漂亮一些的儿子
不能只看外貌评价一个人

几年前，我在某小学做有关性教育的演讲。每位性教育讲师负责一个班级，我负责的是低年级的班级。我进入教室以后，看到孩子们的脸上写满了不情愿，这时有个小男孩说：

"老师为什么这么胖？"

紧接着另一个孩子补充道：

"我看隔壁班的老师很漂亮呢……"

说实话，我那时候还没到"肥胖"的程度，和现在一样，也是普通的体型。当然，我的身材如何，这并不是什么重要的问题。真正的问题是，这么小的孩子，就已经很自然地评价别人的样貌。

事实上，孩子们对他人外貌的评价是从更小的时候开始的。妈妈当然会成为他的第一个评价对象，因为妈妈平时跟孩子的关系最为密切。下面这些话是我从有学龄前孩子的妈妈那里听到的。

"我孩子上的幼儿园里，孩子们根据外貌将妈妈们进行了排名。因为是电视台开办的单位幼儿园，所以也有当播音员的妈妈，这些妈妈的排名就很靠前，像我这样的普通人，排名就会比较靠后。孩子跟我说，他很失望。"

"妈妈们都很注意从幼儿园或者补习班接孩子的时候穿的服装。即便有的妈妈想穿得随意一些，打扮得普普通通一些，但是怕给自己孩子丢脸，所以都很注重着装。再过不久，孩子就要上小学了，我正考虑要不要提前去皮肤科看看。"

在现代社会，"外貌至上主义"非常严重。普通人也会被外貌评价所困扰——

"你怎么胖成这样了?"

"化点妆吧,你看起来气色不太好。"

这样明目张胆地指责别人的外貌,在有些国家是一件非常没有礼貌的事情。但是在韩国,这种事情每天都在发生,大家都习以为常了。

令人遗憾的是,我们的孩子也很快接受了"外貌至上主义"。所以,他们可以毫不在意地对我说"讨厌难看的老师",而说这句话的还是低年级的男孩子。

有时候,"外貌至上主义"对男性和女性的评判标准是不一样的,对女性的评判标准更严格且苛刻。甚至女播音员戴个眼镜,都能成新鲜的话题。

如果那天去学校做讲座的性教育讲师是男性,或者假设我是男讲师的话,孩子们还会对我说那样的话吗?不会的。他们只会单纯地认为"性教育老师来了"。孩子们会不会像对待妈妈一样,对爸爸们的外貌进行评比、对爸爸们的着装做出评价呢?也不会的。将妈妈当成评价外貌的对象是一件极其不礼貌的事情。这会在孩子们之间产生许多辱骂妈妈的话,这也是我们要关注的问题。

您是不是在想:"我家是男孩,可以不用太在乎'外貌至上主义'吧?"因为是男孩,因为您是儿子的妈妈,所以更应该注意。在这样的文化环境中,放任儿子就等于助他形成错误的女性观和歪曲的异性观,同时,也让他对他人进行不当的评价。

最近几年,各年龄段的男性经常在聊天群里评价周围女性的外貌,给她们评定外貌等级的事件被定性为性骚扰事件。幸好有了智能手机这一新事物,聊天记录才会被保留下来,才有可能将这类事件进行定性。其实,这不是新出现的现象,在男性文化圈里这早已广泛传播。我们的儿子坚决不能成长为这种男性,您说对吗?

首先,从妈妈开始,不要说出以貌取人的话。我也怕无意中在儿子面前说出那样的话,所以一直很小心。

我建议大家,在儿子开始接触媒体时,经常跟他一起讨论"外貌至上主义"。无论是电视剧还是电影,有时候电视新闻都能将"外貌至上主义"表现得淋漓尽致,所以非常适合跟儿子进行这种交流。在前面,我就说过可以通过媒体进行提高共鸣能力的训练。两者原理很相似。比如说我,就跟儿子有过这种对话——

👪 男主持人是一个年纪大而且经验丰富的人,但是你看,女主持人年轻又漂亮,不觉得奇怪吗?

👪 是觉得有些奇怪,为什么呢?

👪 是不是只有女主持人是以外貌为标准选拔的呢?你认为呢?

👪 我要是女主持人,我会很生气的。

原本那天是要给孩子们讲性教育内容的,就因为孩子们的极端外貌评价,我严厉地批评了他们。

"不能以貌取人。更何况是当着别人的面,这样评价别人的外貌是极其不礼貌的行为。以后绝对不可以再这么做,明白了吗?"

因为我说得很严肃,孩子们瞬间就安静下来,气氛也变得平静了。但当我正式开始讲性教育课时,气氛马上就高涨了起来。孩子们积极回应我的每一个问题,都沉浸在性教育课堂之中。

我怀着"一定要打破'外貌至上主义'给这些孩子们造成的偏见"的心态,比平时更加热情地对孩子们进行了性教育。到了下课的时候,孩子们有些舍不得地说:

"这么快就下课了吗?"

我向那些孩子们再次强调:

"怎么样,这回知道不能以貌取人了吧,现在明白了吧?"

04
送给不想去辅导班的儿子
辅导班是你可以自己选择的

现在的孩子们从小时候开始基本都会去一两个辅导班,甚至有些孩子一周的日程表上,会被各种辅导班排得满满当当。所以大家都说现在的孩子比大人都要忙。

妈妈最希望看到的是孩子真心喜欢、乐意去辅导班。但是,如果孩子不太感兴趣,甚至唉声叹气地说不想去的时候,妈妈强迫他去辅导班的话,不仅妈妈会感到疲惫,孩子也会非常累。现实生活中,随着孩子的年级逐渐升高,这种情况越来越多。

为什么妈妈和孩子都要承受这种痛苦呢?我遇到的妈妈们,对此做出了这样的解释——

"孩子要想取得好成绩,要想跟上学校的教学进度,要想先行学习,就不得不去辅导班。孩子不上辅导班,在家也能自主学习,固然是最理想的,但大部分孩子只有在辅导班才会勉强学习,所以只能给他报辅导班。"

这时候我会向她们提出这样的问题:

"决定要去哪个补习班之前,您与孩子有过充分的交流吗?"

绝大多数情况下,妈妈们会跳过和孩子交流的阶段,有时甚至都不会跟孩子的爸爸进行交流,而是独自去判断:"这方面还有待提高,所以应该上这个辅导班""别人家孩子都会这些,如果你不想落后,那就要去这个辅导班",等等。

即便是和孩子有过交流,大部分理由都是"因为×××,所以你要上这个辅导班"。实际上,最终还是妈妈单方面做出这个决定。这种情况就不是对话。

"没办法,既然妈妈要我上这个辅导班,那就去呗。"最终孩子会以这种不情愿的心态去上辅导班。您认为强迫孩子上辅导班,他会认真学习吗?他会不会只是为了应付您,在那里消磨时间呢?

我给儿子选择辅导班，有两个非常重要的原则：第一，儿子喜欢就让他去。第二，如果儿子说不喜欢，随时都可以不去。所以在决定上哪个辅导班之前，我会跟儿子进行充分的对话。可能是从小就给儿子灌输这样的原则，所以他认为辅导班是"我自己可以选择的"。

后来，儿子上初中一年级以后，由于很难跟上英语教学进度，所以决定要上英语辅导班。当时我就问他："你想上××英语辅导班吗？"儿子点点头说他要去。然后，我在凌晨去××英语辅导班门口排队给儿子报了名。这个辅导班在我们小区附近，很有名气，不排队根本无法报名。

就这样大约过了两个月，儿子突然跟我说：

"妈妈，我不想去英语辅导班了。"

在那一刻，我心想："什么？我费多大劲才给你报上名的……"思绪混乱片刻后，我还是静下心来问了问儿子。

"是吗？为什么不想上了呢？"

"那里留很多作业，主要检查背诵部分。教的东西也不多，只会来回折腾我们，我认为这是在浪费时间。还有上课方式也很老套，并没有什么新的方法。"

"哦,原来是这样啊。不上这个辅导班,你想做什么?"

儿子听完以后,提出了一个出乎我意料的建议。

"我感觉英语还是很差,辅导班还是要上的。但是上哪个辅导班,让我自己选吧。"

虽然之前我也是通过和儿子对话,决定要去上哪个辅导班,但这次是儿子主动提出要上辅导班的。我既期待又担心,看他如何挑选自己向往的辅导班。

首先,他搜索了周围的英语辅导班,挑选5家教育机构作为候选。因为有过之前失败的上课经历,儿子分别向这5家辅导班申请了试听课,然后整理出每个辅导班的优缺点,最后才做出了选择。他说之所以会选择这家不是很有名的辅导班,是因为任课老师们都热情十足,不执着于学校的教学进度,而是更加注重英语本身的学习。

在这个过程中,我只是认真听完孩子整理的优缺点后,给予孩子充分的信任,最后就是去跟这家辅导机构的院长见面而已。其间给各个辅导班打电话,咨询能否参加试听课,这些都是儿子自己完成的。

报名当天，老师问我："您是怎么知道我们辅导班的呢？"当他得知是孩子自己选择这个辅导班的时候，觉得这事非常不可思议。

"什么？不是妈妈给选的，是孩子自己选的吗？我成为辅导班讲师以后，第一次遇到这种情况，哈哈。"

之后，孩子就非常开心地上辅导班了。他开始对学习新的语言产生了浓厚的兴趣，后来以英语特长生的身份被大学录取。现在包括英语在内，他可以熟练地运用三四种语言。

从妈妈的立场来看，孩子不上辅导班，可能会担心"这样下去，孩子会不会放弃学习"。如果您一直担心孩子不上辅导班会耽误学习的话，其目的就会变成不是为了学习上辅导班，而是为了将孩子送去辅导班而上辅导班。这就造成了本末倒置。辅导班到什么时候也只是一种手段，不是目的。

"该让孩子上辅导班，我也会向辅导班反映孩子的意见。"
"为了上辅导班，我应该好好劝劝孩子。"

以这种心态是无法与孩子进行对话的。可能妈妈会认为这是对话，但孩子不会这么想。我们要考虑到，孩子也有可能"不去辅导班"的情况。所以，上不上辅导班、上哪个辅导班，事先一定要和孩子进行对话。

孩子上不上辅导班并不重要。重要的是,要培养孩子掌握自己的学习风格,并且有能力培养适合自己风格的学习习惯。如果平时经常进行相互尊重的对话,那么孩子就会非常轻松地说出自己的学习风格,很自然地向妈妈寻求帮助。这并不是为了把孩子送去辅导班的对话,而是为了培养他的判断能力才进行的对话。

05
送给询问死亡的儿子
我们在一起时,幸福地度过每一天吧

在孩子的成长过程中,妈妈会被问到许多问题,其中不乏一些令人难以解答、富有哲学性的问题,最具代表性的就是关于"死亡"的问题。

不知从哪一天开始,孩子会认真思考关于死亡的一些事情。爷爷奶奶的去世,或是家里的宠物死亡,又或者是在童话书、电影中看到死亡的场景,都有可能成为孩子思考死亡的契机。所有生命都会走向尽头的事实,对孩子而言既神奇又令人惊讶。所以他们会问妈妈:

"妈妈，死亡是什么？"

我儿子也一样。以前听到亲戚的葬礼消息，还不知道这意味着什么，表现得事不关己。突然从某一天开始，他经常会问我关于死亡的问题。他从单纯地想了解"死亡是什么"开始，又接连提出了好几个问题——

"人死了之后会去哪里？"
"人死了之后还能再见面吗？"
"妈妈也会死吗？"

大概有三年时间吧，每当我快要忘记的时候，儿子就会提出关于死亡的问题。虽然孩子们都会对死亡感到好奇，但他好像对死亡尤为好奇。

大人们经常会把这些当成是小孩子单纯的好奇心，认为不是什么大问题。我也是通过咨询许多小朋友后才发现，孩子对死亡的看法，比我们想的更沉重。

这种看法经常会演变成另一种恐惧。孩子并不是害怕自己死亡，而是会担心"所有人都离开我，我一个人该怎么办"。

特别是单亲家庭的孩子，还有夫妻关系不和睦家庭的孩子，就更容易产生这样的恐惧。从他们的视角来看，照顾自己的唯一监护人或是养育者因死亡、离婚或分居，从而离开自己，本来就不和睦的家庭，会不会因家人的离去而分崩离析，这些才是他们最担心的事情。

当我和儿子谈到死亡时，他这样嘱咐我：

"妈妈，下大雪的时候，开车要更小心。万一出车祸，你死了，我怎么办。我没有爸爸，要是连妈妈也不在的话，我不就成孤儿了吗？"

我没想到，儿子如此惧怕在我死后变成孤身一人。这份恐惧扎根在他的内心深处。我的儿子在单亲家庭长大，所以对"死亡"有着比其他孩子更多、更深入的思考。每当回想起这件事，以及当时儿子表现出的神情，我都被深深地震撼。

老实说，"死亡就是这样的！"有多少人能自信地说出这种话呢？因为从事的工作原因，我平时会接受很多孩子的咨询，也需要给别人授课，但关于"死亡"这个话题，我也只能给大家说说我自己的理解——

"嗯，妈妈觉得是这样的。谁也不知道死后会发生什么，但是每个人终有一天会迎来死亡。虽然不是现在，但有一天妈妈会比你先迎来死亡吧。"

然后，我一定会跟孩子说这句话——

"所以，和你好好相处，对妈妈来说很重要哦。就像现在这样，我们在一起的时间多么宝贵啊。要是在这段时间里，我们的关系不好，那怎么可以呢？你说呢？让我们幸福地度过每一天吧。"

我在做咨询工作的时候也一样。如果有家庭不和睦的孩子提及死亡，我就会这样回答——

"即便是家人，总有一天也会死亡，我们也会天人永隔。所以家人之间的关系非常重要。即使现在对家人有所抱怨，但我希望你能为了跟家人和睦相处，再加把劲儿。"

通过"死亡"这一话题，我再次向孩子传递了"关系的重要性"。无论您对"死亡"作出怎样的解释，最后请以"关系的重要性"来收尾。只有进行了这样的对话，才可以减轻孩子对独自留下的恐惧感，也会让他更珍惜在一起的人。

对"死亡"好奇的孩子中，有一些孩子会联想到自己的死，这种情况可以理解成"这些孩子处于有一种自杀冲动的状态中"。

您可能会这么想:"这么小的孩子,什么自杀不自杀的……"从而将这种情况当成是无关紧要的事情,但这不是可以忽视的小问题。即便是小孩子,如果压力太大,他也会想到自杀或自残,而且越小就越有可能付诸行动。通常这样的孩子很可能正处于暴力或霸凌等,妈妈未能察觉到的极端情况中。妈妈们应该及时辨别出潜藏在孩子话语中的求助信号,直接且迅速地帮助孩子,或者向专家进行咨询。

06
送给只用"没什么""没有"等进行简短回答的儿子
妈妈随时准备倾听你说心里话

对话就像乒乓球一样,双方你一句我一句,你来我往持续交流的才是对话。妈妈和儿子的对话同样如此。

但如果孩子只做简短回答,该怎么办呢?您说了很多,儿子却只回答"没什么""没有"之类的话,又该怎么办呢?这就相当于我们打乒乓球时,如果有一方没能将球打过网,那么我们就无法继续打乒乓球,从而失去游戏动力,最终将不再打乒乓球。母子之间的对话同样如此。

如果孩子还小，说话不怎么流畅，那就代表他还不怎么习惯"乒乓球"似的对话。这样的孩子，我们只需要帮他多熟悉语言就可以了。妈妈陪孩子聊天并鼓励孩子，他的语言能力会快速进步，简短式回答的次数也会逐渐变少。每个孩子或许在进步方面存在些许差异，但他们最终也会熟练地参与对话。

如果孩子已经过了这个阶段，那该怎么办呢？以前叽叽喳喳说个不停的孩子，突然从某一天开始不怎么爱说话，现在只是用简短式回答，这又该怎么办呢？这不是孩子的能力问题，而是是否愿意与妈妈等家人对话的问题。

给孩子们做咨询的时候也同样如此。有些孩子一坐在我面前，就像一直等这一刻似的，滔滔不绝地说很多话，但也有一些孩子，无论我问什么问题，都只回答"是""不是""然后呢""不知道"等。后者中十有八九都是在妈妈的强迫下，不得不接受咨询的孩子。通过这种简短的对话，孩子已经表达了不想和我对话的强烈意愿。

如果您在某一瞬间，突然觉得孩子的回答变短了，会不会想："这孩子进入青春期了吧？"男孩子的简短式回答，通常是青春期开始的信号。很多进入青春期的孩子，通常会以这种方式来表达对妈妈的逆反心理。

妈妈虽然会对孩子的这种变化操心，但还是会安慰自己："等青春期过去了，应该就会没事的。"当然这种情况有可能会有所好转，但也不排除维持原样的可能性。青春期过后，孩子是否会变好，取决于妈妈的努力以及与孩子的对话。

请不要指责孩子的简短式回答。对话的意愿是无法强加给孩子的，如果执意强加给他，只会增加孩子的反感。

我们要通过孩子的行为，了解出现这种现象背后的原因——是什么让孩子不愿意和妈妈说话呢？

我们可以先了解此时此刻孩子的心态，再给孩子递出安慰的话。

给孩子们做咨询时，我会对一直用简短式回答的孩子说——

"挺到现在，你也不容易吧。老师很感谢你能来这里，我非常想帮你。虽然你也不是自愿要来的，但你仔细想想，你是不是需要帮助才来这里的呢？放心跟老师说吧，我会尽我最大的努力去帮助你的。"

只要我耐心地向孩子们靠近，他们也会逐渐消除紧张情绪，回答得也越发自然、自信了。

在这里，我想给大家一个建议，这也是我对儿子用过的办法，那就是让孩子跟妈妈一起去一次只属于两个人的旅行。

当我问儿子，小学毕业时最想要的三个礼物是什么，他回答说："就是要和妈妈完成一次国内旅行。"因为这是儿子想要的毕业礼物之一，非常有意义，所以我也马上答应了。作为妈妈，我也想从儿子那里得到对我这六年来付出的肯定。

但是，这次旅行有个前提条件，就是要由孩子来制订此次旅行的计划。无论是去什么地方、吃什么、玩什么，都要完全听从孩子的指挥。当然费用还是要由我这个妈妈承担的。这样孩子就会兴高采烈地制订旅行计划。

像这样如果有一天到了一个陌生的环境，妈妈能沟通的只有儿子，儿子能沟通的也只有妈妈，二人只能互相成为彼此的依靠。另外，这次旅行计划完全是由孩子独立完成的，所以妈妈和孩子互换身份，儿子会成为妈妈的导游兼监护人。

在这种情况下，孩子就不会再用简短式回答和妈妈交流了。因为他会忙着向妈妈解释这个，解释那个，根本不会有闲暇时间。

旅行中，随着彼此对话次数的增多，妈妈自然就有机会说这样的话——

"妈妈平时没能跟你好好聊天，对此我感到非常遗憾。你不好好回答时，妈妈既难过又担心。像这样跟你旅行，还能跟你聊这么多，妈妈真的很幸福。有没有之前想跟妈妈说，又没能开口说的，或者有什么想做的，都跟妈妈说吧，我会认真听的。"

这时候，孩子有可能把心里话都说出来，也有可能不会。只要能打开与孩子对话的窗口——"妈妈想跟你对话，妈妈随时准备倾听你的故事。"您只需给儿子传递出这种信号就已经足够了。

07
送给想随心所欲穿衣服的儿子
要不要跟妈妈一起挑选衣服

我们通常会认为，女孩子从小就很注重自己的仪容仪表，而男孩子却不怎么在意穿戴，经常是妈妈给买什么，他们就穿什么。整体上虽然多多少少会有这种倾向，但实际上并非一定如此，越来越多的男孩子以自己的外貌喜好为标准，逐渐开始在意着装。

这里说的外貌喜好，并不意味着"打扮得好"。有些孩子喜欢打扮得整洁鲜亮，也有些孩子喜欢穿运动悠闲类等比较舒适的衣服。无论是哪一种，只要有所偏好，都可以当作是这些孩子的喜好。"我就想这么打扮自己"，只要有这种想法，不管是什么类型，都可将它视为对外貌的喜好。

比起妈妈独断做主，不如问问孩子，他自己的穿戴取向——

"你想要什么发型，头发要留多长？"

"郊游那天要穿什么颜色的短袖？从你的衣柜里挑一挑？"

"妈妈想给你买这双鞋，你觉得怎么样？喜欢吗？"

面对妈妈的这些建议，每个孩子都会有不同的反应：有些孩子会表现得对此漠不关心，而有些孩子的反应则会超乎您的想象。如果平时没有考虑过这方面问题的孩子，可以以此为契机让他找到自己的喜好。说实话，我一开始也没考虑过要跟孩子说这种话。

回想起那件事情，我至今还觉得挺对不起儿子的。应该是儿子上小学低年级的时候，他平时不会为了穿戴跟我说"要买这个""想穿那个"之类的话。我也只是认为"男孩子嘛，对穿戴不太感兴趣，很正常"。等到了天气转凉之后，需要多穿点衣服的时候，他每次都会嘟囔着说："我不喜欢穿这么厚。"这时候我就会特别坚定地说："要多穿点，不然这么冷的天，感冒了，怎么办。"

过了很长一段时间，我才知道儿子属于内热体质。所以即使是在同样的温度下，我会觉得"哎哟，天气凉飕飕的，得多穿点儿了"，儿子却觉得"还没那么冷啊，不用穿这么厚"。毕竟，温度计显示的实际温度和每个人感受到的体感温度是不一样的。

平时我一直非常尊重儿子，注意聆听儿子的想法和意见，对此我一直非常自豪，就因为如此，我才觉得更尴尬，更过意不去。我为什么要那样做呢？仔细想了想，直到那时候，我才发现潜藏在我心中的不安感——

"儿子穿得少，别人要是以为他很穷，该怎么办？"

"这么冷的天，给孩子穿这么少的衣服，邻居们对我指指点点，该怎么办？"

正读此书的各位家长，您是否有过像我这样的经历？您是不是也把自己的喜好强加给孩子，过分在意别人的眼光，从而忽视孩子的喜好呢？您有没有主动去了解孩子的喜好、鼓励孩子发现自己的喜好呢？您是不是也因为是儿子，才没有往这方面想过呢？

您可能会想，"任由他随便穿，万一感冒或长痱子，怎么办？"您是不是也在担心，天冷的时候，为了耍酷而不注重保暖，得了感冒的话，孩子自己是否会明白，即便是想要按自己的喜好穿搭，也要看天气情况的事实呢？

孩子的喜好也会随着年龄的增长发生变化。经过小学高年级，升入中学的时候，儿子向我宣布：

"从现在开始，我的衣服我自己做主！妈妈，您不要再替我做决定了，不要直接买回来给我！"

虽然现在从事的是完全不同领域的工作，但我的大学专业是服装学。当儿子拒绝科班出身的我的眼光时，我既感到很惊奇，又感到很无语。但我还是答应儿子，会遵守我们之间的约定。从那之后，每当买衣服的时候，儿子都会跟我一起去。购物期间我和儿子经常会进行这样的对话——

"妈，你看这个。我觉得很不错。"

"合不合身呀？是不是有点大？"

"妈妈有点落伍了啊。最近流行的就是这种宽版。"

"是吗？我觉得穿着合身，会更好看一些。"

"我先穿穿看。穿上了就不一样了。"

不仅仅是给儿子买衣服的时候，就连我自己买衣服的时候，儿子也会非常认真地提出自己的意见。甚至有时候他还会厚着脸皮主动跟店主讲价："你看，这件衣服要是我不夸我妈，你也卖不了，你看我这么辛苦，便宜点呗。"

在家的时候，我们和孩子很少有机会围绕穿戴进行对话，即便是有机会，大多数情况也会成为唠叨。但是像这样购物的时候，对话的内容会变得很丰富。通过这种交流，母子双方都可以了解到彼此的喜好，这不就是学习喜好多样性的机会吗？后来，我要去讲课时，儿子还会给我搭配整体着装。

对了，还要嘱咐各位妈妈，要对个人喜好持开放的心态，这是最基本的。不管怎么说，妈妈是成年人，孩子是未成年人，所以在妈妈眼里，孩子的外貌取向会有些青涩，甚至会有些怪异。但即便如此，我们也要尊重孩子的喜好。即使真的难以接受，我们也要努力避免将自己的观点强加到孩子身上。

还有一件事是发生在儿子成年以后。已成年的儿子文身了，对于这件事，我强迫自己试着去理解，可始终过不去心理的坎儿。但是现在我坦然接受了，只是跟他说："下次如果还想文身的话，一定要征求妈妈的意见。"

08
送给沉迷于手机的儿子

妈妈认为与家人在一起的时间比玩手机的时间更珍贵

手机给我们的生活带来便利的同时,也让妈妈们陷入深深的苦恼之中。我们经常会思考"要不要给孩子买手机""什么时候买才好"等问题。不给孩子买的话,就担心"听说没有手机,就交不到朋友"……;给孩子买的话,又担心他"整天什么也不干,就拿着手机玩游戏"……一想到这些问题,妈妈们是不是开始头疼了呢?

我儿子也跟我重复了无数次给他买手机的事情。当时,我就跟他说:"等你长大成人了,再给你买。"但我说的成人并不是指法律规定的满 18 周岁的成年人。

"等你到了青春期,就会射精(梦遗),会从你的阴茎里流出一些带有颗粒物的白色液体。也就是从那时候开始,你就从男孩变成男人了,所以妈妈到时会给你开派对,也会给你涨零花钱,同样也会将你当成大人来对待。当然,也会给你买手机。"

关于庆祝儿子射精的派对,我会在后面再跟大家说一说。我遵守了跟儿子的约定，他上初一时就完成了初次射精，自然也就得到了梦寐以求的手机。

在给他买手机的时候，我再次强调了正确使用手机的方法及需要注意的事项。

"手机不能玩太久，手机游戏也不能玩太长时间，更不能用手机给游戏充钱，那是绝对不可以的。当然，睡觉之前玩手机也不行，那样会对视力有影响，而且晚睡的话稍不留神就会上学迟到。"

刚拿到手机的最初几天，儿子兴奋得睡不着觉，一直盯着手机，到哪里都要带着。但没过多久，他就开始有规律地玩手机了。

我也曾说过"手机玩太久了吧"，但这种话总共也没说过几次，我也不能一直盯着儿子，寸步不离地监视他的一举一动。因为有工作在身，当时情况也不允许我那么做。一切使用手机的规则都是儿子自己制定并遵守的。这是因为儿子认真听取了我的建议吗？这应该也是原因之一，但最根本的原因在于平时我在他面前使用手机的方式。

我很少在儿子面前用手机。众所周知，简单搜索或确认某件事情的时候，手机无疑是最佳选择。而我在处理这些事情的时候，一定会开电脑。

我只有在接电话的时候,才会在儿子面前使用手机。即便如此,通电话时我也会尽量跟对方说:"一小时之后,我再给您回电话。"然后就先行挂断电话。等儿子回到自己的房间或是去辅导班的时候,我再跟对方联系。

之所以这样做,是因为我也给自己制定了手机使用原则。那就是"绝不会因为手机,疏忽与家人在一起的时间"。我也经常将这一原则讲给儿子。

> "因为妈妈在外面工作,所以很珍惜下班回家和你在一起的时间。为了你我的宝贵时间,妈妈决定在家尽量不使用手机。"

大家的情况又是如何呢?是不是都担心孩子会沉迷于手机,但事实上,包括妈妈在内的大人们,是不是更对手机"爱不释手"呢?此时此刻,您在家里是不是还在看手机呢?

> "累了一整天,只是看一会儿手机,休息一下而已。"
> "都是工作需要,不得不使用手机。"
> "跟朋友聊聊天,消减压力。"

就像这些理由一样,您是不是在家也堂而皇之地使用手机呢?

如果因为这些理由，大人们就可以玩手机，那么孩子们为什么就不能玩呢？模仿能力极强的孩子们，经常看大人们以各种理由使用手机，等他们有了自己的手机，自然就会模仿大人的样子。

如何使用手机是生活习惯的问题，正确的生活习惯绝不可能通过单方面说教就能形成。要想给孩子培养正确的生活习惯，爸爸妈妈首先要成为孩子的榜样。

也不是说"孩子经常玩手机，都是跟爸爸妈妈学的"。

"我真的很冤枉。在孩子面前，我真的很少用手机，但你看，现在这孩子还玩手机呢。"

这种情况下，只凭单方面的唠叨是不会缩短孩子玩手机的时长的。

如果孩子和妈妈的关系好，也就是说，母子之间能畅通无阻地对话的话，那么培养孩子正确的生活习惯，也会变得非常容易。比如，通过进行关系对话，和孩子一起制定手机使用规则。当然，这时也要充分尊重孩子的意见，否则这一切最终还是会回到单方面的唠叨。

高中时期，我儿子将自己的智能手机换成了老式的翻盖手机。这跟我没关系，完全是他自己做的决定。

"妈妈，我想好好学习，可是带着智能手机，就集中不了精神，妨碍我学习。我暂时先用翻盖手机。"

儿子能做出这样的决定，离不开当初能自己调节玩手机的好习惯。这绝不是在向大家炫耀。如果大家平时积极地跟孩子进行关系对话，都会取得这种积极效果。我只是想将这些，如实地告诉大家。

09
送给沉迷于游戏的儿子
你自己定一个玩游戏的规则吧

对于有儿子的妈妈们来说，游戏和手机可以说是她们的两大"公敌"。很多孩子喜欢玩手机游戏，甚至有一些孩子沉迷于手机游戏。

我儿子也非常喜欢玩手机游戏，说他为之疯狂也不为过。

因为实在太喜欢玩手机游戏，在儿子小学一年级的时候，我还通过某机构的关于儿童前途的项目申请，让儿子和职业游戏选手见过面。当时那位职业游戏选手，对孩子们这样说——

"各位，你们觉得要想成为职业游戏选手，从现在就应该认真玩游戏吗？不是的，现在要做的是在学校努力学习知识。因为学校里学到的知识，都跟职业游戏有关。游戏里面经常会出现战争题材的内容，学习海内外历史知识会对我们有很大帮助；还有，要想和全世界的游戏玩家一起玩游戏，学习英语是必不可少的。此外，游戏角色的设计离不开美术，想要欣赏游戏的背景音乐，还要培养音乐鉴赏能力。如果你想更好地去理解角色的动作，那就必须擅长体育；想要彻底了解游戏的剧情发展，就要努力学语文，知道了吗？"

我儿子聚精会神地听那位职业游戏选手的发言，大声地回答道"知道了"，然后认真学习了一段时间，虽然持续时间不长。

到了四年级的时候，我有些绷不住了，学校的作业逐渐增多，但儿子回家后，作业都不做就开始玩游戏。所以我当时认为，是时候要给他制定明确的玩游戏规则了。

妈妈们希望自己的孩子一点游戏也不玩，但现实中做到这一点很难。游戏已经发展成一个巨大的产业，还成为大众的兴趣爱好之一。那么最好的方法就是妈妈和孩子共同制定玩游戏的规则。让孩子参与制定游戏规则，养成自己能调节时间的良好生活习惯。

每当我对儿子玩游戏有不满的时候，我都会和儿子召开家庭会议。

"妈妈同意你玩游戏,但我希望你放学回家,先做作业,再玩游戏,怎么样?这样的话,妈妈也不用伤心,你也不用看妈妈脸色玩游戏,多好。"

"妈妈,我觉得应该还是先玩游戏,再写作业比较好。那样的话,我就会非常感谢让我先玩游戏的妈妈,就能以更愉悦的心情,更认真地做作业。"

我和儿子的想法始终没有达成一致,这时候他又提出了一个新的建议:

"妈妈,那我们按不同的方法,每星期各做一次吧。第一个星期,我先玩游戏,然后再写作业。下一个星期,就按妈妈的想法,我先写作业,然后再玩游戏。怎么样?"

"好啊。但玩游戏的时间和写作业的时间必须一样。"

我们就按这种办法进行了为期两周的试验。在结束试验的当天,儿子就跟我说明了试验结果。首先是先玩游戏的第一周,如果游戏获胜了,那天就会开心地写作业;但如果游戏输了,那天就会带着并不愉快的心情写作业。然后是先写作业的第二周，为了想快点玩游戏，所以就马马虎虎随便应付作业，但可以放心地玩游戏。儿子得出了如下的结论——

"我觉得先玩游戏比较好，但妈妈说的先写作业也有优点。所以我以后要一天一换，第一天先玩游戏，第二天先写作业。"

我同意了儿子的决定。儿子也是因为尊重妈妈才做出这样的决定，所以我也要尊重儿子的决定。

儿子非常自觉地遵守自己制定的规则，因此我也减少了看他玩游戏而生气的次数。其实他玩游戏的时间并没有明显减少，但是我生气的次数明显减少了。后来儿子也认识到要调整游戏时间，便积极参与了制定规则的全过程，同时也非常自觉地遵守自己制定的规则。从那以后，作业多的时候或者在考试期间，他会主动克制自己，尽量减少玩游戏的时间。

我希望各位妈妈也能改变一下对游戏的认识。如果将游戏当作是孩子的爱好来尊重并参与进去的话，母子关系会更进一步。这并不意味着，要放任孩子一直玩游戏，无论是什么兴趣爱好，都不能影响正常的生活。同理，我也不是说妈妈要一直跟孩子玩游戏，因为您也有属于自己的生活与爱好。但是请对孩子玩的游戏表现出兴趣，以游戏为话题，跟孩子展开对话，也可以跟孩子一起玩。

我在前面提到过，作为毕业礼物，我和儿子两人进行了国内旅行。其实在那之后，我们又去了网吧。因为当我问儿子，作为小学毕业礼物还想要什么时，儿子马上喊道："和妈妈一起去网吧，一整天边吃泡面，边玩游戏！"那是我有生以来第一次去网吧。按照儿子的愿望，我一整天都待在网吧，和他一起玩游戏，当然，一日三餐吃的都是网吧里卖的泡面。

通过儿子的讲解，我了解了游戏规则，当我开始玩游戏才发现，游戏里处处隐藏着有趣的元素。游戏等级也随着玩家的付出逐渐升高，所以成就感越强的孩子，就越沉迷其中。我认为可以利用这一点，让他在其他领域感受到成就感。

当时网吧老板也感叹地说："和妈妈一起来了啊，你可真了不起！"听到网吧老板的这句话，儿子非常开心。如今已长大成人的儿子也经常提起，我和他一起去网吧的那一天，说那是他童年回忆中最美好的一天。

⑩ 送给喜欢刺激性网络视频的儿子

你觉得有趣的视频是什么样子的,要不要跟妈妈一起看

近几年,随着网络视频的影响力越来越大,主播也成为知名人士。人气高的主播会得到各地粉丝的支持,人气不亚于一般的艺人。有些妈妈就曾被孩子带去参加主播的线下活动或粉丝见面会。

公共电视广播并不全是健康的内容,虽然比以前有很大的改善,但在电视剧、综艺节目以及广告中,我们还是可以看到一些含有偏见或歧视的内容。即便如此,公共电视广播至少还有正式的审核机构和监管机构,所以有严格的制作标准。

相比之下,网络视频博主们是不经过任何审核,可以自由地上传视频的。虽然网络视频公司会进行审核,但大家都应该知道,网络上的许多视频都不适合小孩子观看。

这些网络上的不良视频,以各种各样的形式完完全全地展现在孩子眼前。例如,故意尝试一些危险或荒唐行为的视频、传播虚假新闻的视频、爆粗口和说脏话的视频,等等。

男孩会比女孩更容易沉浸在刺激性的视频里。为什么呢?那是因为越是刺激性的视频，包含的大男子主义和男性优越主义的内容越多。

最令我担心的是那些针对某一特定集团或少数群体进行贬低的视频内容。女性、残疾人、外国人都会成为这种视频的素材。有时身材矮小的男性，就因所谓的男性的阳刚之气不足而成为被贬低的对象。

因此妈妈们要在媒介教育的延长线上，与孩子展开如何观看网络视频的对话。我认为在当今媒介教育整顿中，最重要、最紧迫的对象就是网络视频。

我养儿子的时候，网络视频还没有像今日这么发达。所以我想在此描述一下，我和儿子以淫秽视频为主题展开的一次对话，希望对大家能有所帮助。

一味地对孩子说"不要看那种东西"是没有效果的。因为这根本就不是对话，您需要营造一个可以与孩子围绕着网络视频交流的氛围。

首先我建议大家，浏览一下孩子喜欢的视频。既然决定要看孩子喜欢的视频，请不要单独观看，而是邀请孩子与您共同欣赏。

我跟儿子看的是略带色情和爆粗口的视频。我对儿子说："在近期你看过的视频中,着重挑选 10 个你最喜欢的视频吧。"有一个重要提示,那就是在观看视频时,问一下孩子为什么喜欢看这个视频。最常见的回答,可能是"因为有趣啊""其他人也都看",等等。每个孩子的情况都不一样,有些孩子可能回答得更具体一些,可能也会说出该视频的不足之处。像我儿子,我都没问他,他就先说:"和妈妈一起看,我才知道为什么不能看这种视频。"

在听完孩子的回答后,也请您说一下对该视频的看法,并将自己所担心的如实地告诉孩子——

"对你来说这可能很有趣,但在妈妈看来,这位博主的脏话令人很不舒服,尤其是他的那种说法,就是在贬低弱者。"

"像他那样对待别人,是不是很没有礼貌?你要是做出那种行为,妈妈会很伤心的。你怎么看?"

妈妈有必要积极地推荐给孩子其他视频。最好是既符合孩子的兴趣,又适合孩子观看的视频,如果是以有趣的教养和常识为主题的视频的话,那再好不过了。

⑪ 送给问自己家有多少钱的儿子
重要的不是钱，是家人的幸福

有些孩子对家里的经济状况特别好奇。他们一开始会好奇父母的收入是多少，存折里有多少钱，最后他们还会问："我们家的房子值多少钱？能卖多少钱？"

望着这样的孩子，妈妈们会犹豫到底要不要告诉他，告诉他到什么程度，这些都会使她们发愁。如果听到孩子们互相攀比自家的房价，又或者瞧不起住在租赁公寓的小朋友时，也会忍不住担心自己的孩子会不会在那种情况下受到伤害，或者给别人造成伤害。

孩子好奇家里的经济状况，是很正常的事情。随着经济意识的增长，听到周围大人们的对话，看到电视、报纸里有关经济的新闻，孩子难免会对此产生好奇。

以我的经验来看，男孩子会对这方面更好奇，主要是因为以下两个因素。首先，是竞争意识。家庭经济状况的好坏，会引发孩子的优越感或挫败感。其次，就是责任感。孩子从小就感受到了，将来成为一家之主要扛起的家庭经济重任。

我儿子是在听完大人们的对话后,开始关注家里的经济状况。有一天在儿子的不停追问下,我问道:"你为什么对钱那么感兴趣?"

他回答道:

"以前我们家不是因为没钱过得很辛苦嘛。妈妈也经常因为没有钱而伤心,我这不也是担心嘛。"

离婚之前,我经常和不称职的前夫,因生活费和抚养费问题发生争执,难免会出现大声争吵的现象。儿子经常看到这种情况,好像对钱产生了某种畏惧。

想到这里,我感觉非常对不起儿子,但我还是强忍着泪水说:

"对不起,妈妈让你有那种想法,真的很抱歉。但你说的也是事实,如果在经济方面非常困难的话,彼此过得都不会那么顺心。虽然金钱不能代表一切,但也非常重要。不过,你不要那么担心,妈妈现在努力工作,我们的生活不会一直这么困难的。"

是否告诉孩子家庭的真实经济情况,取决于每个家庭的实际情况和父母的主观判断。至于我,更倾向于把家里的实际情况,一五一十地告诉儿子。我认为作为家庭成员,都要了解自己家庭经济上的现状。因为之前生活比较困难,要经常搬家,那时我也经常带着儿子到处看房。从那时候开始,儿子便知道了月租、年租、搬家费用等概念和术语。

其实很多时候,即使妈妈没有明说,孩子也可以通过跟朋友聊天、媒体播报等途径,大致了解家里的经济状况。

所以我认为无论家庭经济现状如何,都不要让孩子受其影响。对于孩子来说,不悔过去,不畏将来,不忘初心,才是最重要的。关于这一点,比起我对儿子说的话,我更愿意跟大家分享一下,儿子对我说的话。

刚成为单亲妈妈时,我租了一套可以跟儿子一起生活的房子。那是只有一间卧室的、简陋的月租房。孩子第一天上新学校的时候,我拖着疲惫的身体整理着搬家行李。没想到儿子下课后,带着四五名同学回到了我们的新家。"妈,这是我在新班级里认识的同学。"这个简陋的单间里,到处都是搬家时用的箱子,可想而知我当时是多么吃惊。更何况,这周围都是住宅楼,他们十有八九都住在公寓里,这让我很尴尬。我也不知道儿子是否知道我当时的这种心情,他和朋友们一起吃完炸酱面,玩得非常开心。

等孩子们走后,我把他叫到了一边,训斥他说:

"转学第一天就把朋友带过来,你怎么想的?也不怕他们笑话你,住在这破地方啊。"

但是儿子却理直气壮地跟我说:

"妈妈觉得我们住在这里很丢人吗?我一点都不觉得丢人。能和妈妈在一起,我就很幸福。再说了,这房子怎么了,要是有人因为我住在这样的房子就瞧不起我,我也不需要那种朋友。"

儿子的这番话犹如当头棒喝,让我顿时醒悟。家人之间的关系比什么都重要,家庭和睦才是最幸福的,这些都是我平时一直跟儿子强调的话。儿子即使在家庭困难的情况下,也能不忘初心,而我却失去往日的初心,开始动摇。

儿子较好地适应了新学校和新环境,和那天带回家的朋友们相处得也相当不错,后来也经常会邀请他们到月租房尽情玩耍。

我们要让孩子知道,任何情况下关系才是最重要的。无论家境好与不好,家人关系或朋友关系,都不能因此而动摇。让关系成为孩子的中心,而不是金钱。最重要的是,爸爸妈妈不要因为经济状况,变得畏首畏尾。真正值得父母骄傲的是和孩子的良好关系,而不是经济上比别人更优越。

12
送给习惯性拖延的儿子
我们制定一个不再拖延的规则吧

当孩子在玩游戏时,喊他吃饭,他会说:"让我再玩一会儿……"对磨磨蹭蹭的孩子说,该去辅导班了,赶紧穿衣服时,他会说:"让我再躺一会儿……"跟正看电视的孩子说,该上床睡觉时,他会说:"让我再看一会儿……"

通常情况下,孩子说的"一会儿",会变成遥遥无期,直到忍无可忍的妈妈大声喊道:"你还不快动起来!"

做事总是一推再推的孩子,我们称他们是"习惯性拖延"。这种孩子会一直挑战妈妈的承受底线。

在妈妈看来,"他为什么总是拖延呢?"从而判定孩子不遵守规则。但孩子的立场,正好与妈妈相反,他们不会觉得"我在拖延",只是专注于自己正在做的事情而已。

所以首先要让孩子明确什么是规则。"不要再拖了,快点去做吧",这么训斥孩子并不会起到什么效果。孩子会把这些话当成妈妈的日常唠叨。我的建议是召开家庭会议,就此展开交流。

在家庭会议上,不仅是爸爸妈妈,孩子也要有充分的发言权。妈妈可以率先提出孩子总是拖延的问题,但对于今后该怎么办,也请爸爸妈妈们认真听取孩子的意见。另外,如果违反规则时,又该怎么办,制定惩罚措施时也要和孩子共同商议。

在家庭会议上,基本不会有孩子偏执地说:"不要管我,我要随心所欲。"通常都是对妈妈提出的问题,认真思考解决方法。

当然,孩子提出的意见,通常不会让妈妈们满意。妈妈希望孩子无论做什么,都能及时完成,但孩子则会说出不同的意见:"再过 5 分钟,我再开始做吧。""先做这个,那个等下再做,可以吧。"即使如此,您也不要马上表示不同意,不要急着说"那不行!"您可以用"我认为……"等委婉的方式来表明自己的立场,然后和孩子协商解决。只有充分尊重孩子的意见,他才会有"这是我自己制定的规则,我要遵守这个规则"的心态。

要是孩子能遵守自己制定的规则,那就再好不过了。但实际情况很有可能会事与愿违。这时妈妈非常容易情绪化:"你又往后拖?为什么天天都往后拖?"在这里我想提醒大家,即使再怎么生气,至少要给孩子捋清事实关系。例如,"你说 5 分钟后再做,现在都过 10 分钟了"。我们要告诉孩子违反规则的客观事实,而不是指责他。最后,按我们当时制定的规则，实行惩罚就可以了。

其实，我认为可以让孩子体验一下拖延所造成的后果。孩子为什么总是拖延呢？最重要的原因就是，他们认为"拖延不会造成什么损失"。所以有必要让他们切身体会拖延所造成的后果。

我儿子早上经常习惯性赖床。也就是爱睡懒觉。我也曾为了早上叫醒他费尽心思，每次都是我的声音越来越高，最后几乎用大吼大叫来喊他起床。我觉得一直这样下去也不是办法，所以就警告他：

"早起上学是你的义务，这是你应该遵守的，不是妈妈要遵守的。以后妈妈只叫你一次，之后就不会再叫你了。你明天开始要自己起床。"

儿子非常自信地回答说："好，我知道了！"但到了第二天早晨，又跟以前一样赖床不起，还似梦非梦地嘀咕："我再睡1分钟……"

我遵守了我的诺言，没再去叫他起床，就让他睡到自然醒。结果他完全睡过头，直到接到学校打来的电话，他才急匆匆地跑去学校。

从那天以后，儿子再也没有赖床过，到点就准时起床了。经过此次事件他才恍然醒悟，开始认识到拖延只会对自己不利。

作为妈妈，看着孩子因拖延吃亏是一件非常不容易的事情。不管是什么，光看着孩子吃亏就已经够难受了，还要担心受别人的指责——"当妈的怎么能这样，你看孩子……"

但对此不用想太多，妈妈总不能照顾孩子一辈子吧。要是每次都为孩子的习惯性拖延买单的话，他将来只会成为一个有拖延症的成年人。这世上不会有任何一位妈妈期待孩子的未来是这样的。

我希望大家能分清，习惯性是孩子自身的问题，还是妈妈的问题。赖床迟到无疑是孩子自身的问题。

现在即使我不叫醒儿子，他也会准时起床。如果他在睡懒觉，我就会觉得"今天可能不用早起"，所以不会再去叫醒他。但是，有时候他会在前一天对我说："妈妈，我明天要早点出门，希望您明天早上能叫醒我。"那我就会答应他。

大家也可以试着让孩子通过对话的方式向家长寻求帮助。

13 送给对社会问题敏感的儿子

一起做一些能改变社会的事情吧

当孩子们觉得自己长大了，他们就开始对社会上的热点问题发表自己的意见。孩子们可以通过互联网看到许多新闻，快速地了解社会热点新闻。

以前很多妈妈都会说"你多看点书，少关注这些没用的东西"，但最近几年家长们的认识有所转变。有些妈妈会积极主动地和孩子交流社会问题，还会带着孩子参加一些社会活动。我认为这种变化是值得肯定的。因为孩子也是社会的一分子。

社会热点问题通常是我们社会存在的某种问题或者不足之处，而且大多数情况下，这些问题都没有得到完美解决，会一直存在或持续下去，这就造成了在此期间很多人的利益会受损。

所以孩子们在关注社会热点问题的时候，很容易对社会产生怀疑，甚至还会埋怨我们这些成年人。

我儿子就是这样，他比同龄人更关注时事新闻。突然有一天他跟我说——

"我们国家真的很奇怪，以后我们移民吧。"
"政治家们到底怎么了，每天都在吵架，这国家还能有好吗？"
"自己公司的员工死了，怎么能这么做呢？看来老板们都是坏人。"

我之前说过很多次，在通过媒体获得信息时也要和孩子对话。这里也包含看新闻或报纸时，跟孩子进行的对话。我经常跟孩子围绕一些他比较感兴趣的社会热点话题进行对话，我也会积极发表我的看法和意见。无论和儿子的观点是否相同，我都会向他说明原因。

如果是和朋友进行交流，我可能也会想说什么就说什么，但在儿子面前，我是妈妈，所以我一定会叮嘱他——

"我们的社会还有很多不足的地方吧？很抱歉，是我们大人没做好，但大人们也在努力让这个社会变得更好。你看，现在是不是比从前好多了？所以你以后也要成为让我们社会更加美好的人哦。"

我这么做并不只是因为担心儿子会陷入悲观主义，而是将我的真心话说给他听。我真心希望儿子可以成为一个对社会有用的人。

这些期望仅仅用语言来表达，是完全不够的。我们应该以身作则，用实际行动表现出来。

我经常跟孩子一起去残疾人机构当志愿者。因为我想做一些对社会有帮助的事情，也想让孩子亲身体验这种志愿者活动。很多孩子都是为了满足学校的相关要求，只是在志愿者活动中装模作样，而我希望儿子能认真对待志愿者活动，不想给他留下做做样子、应付了事的印象。

儿子说，参加志愿者活动，为社会做出贡献，非常有成就感。而且通过志愿者活动，他还认识了许多乐于奉献的人，他意识到："啊，还有这么多人为我们社会的美好未来在努力做出贡献呢。"

如今已经过去十几年了，当时开始的志愿者活动，我和儿子到现在也一直在做。他不仅参加帮助低收入家庭儿童的志愿者活动，还去海外做志愿者活动。小时候和我牵手去做志愿者活动的儿子，现在比我更热衷于公益事业。

14
送给更喜欢与女孩子玩的儿子

你为什么喜欢跟女孩子玩呢

小朋友们一起玩耍的时候，男孩大多倾向于跟男孩玩，女孩也倾向于跟女孩一起玩。从托儿所到幼儿园，再到学校，这种倾向会越来越明显。虽然可能会有一些性别差异的影响，但我认为，后天对孩子进行的教育培养方式，会对孩子的影响更大。

我并不是想在这里跟大家探究出现这一现象的原因。我想说的是，只喜欢跟女孩子玩的男孩子们的情况。

如果儿子出现这种行为，妈妈会说——

"他是个男孩，但是他好像更喜欢跟女孩子一起玩，这没关系吗？他以后也许会上男子中学、男子高中，而且还要去服兵役，我担心他能否适应只有男性的集体生活。我是否要引导他，多跟男孩子一起玩呢？"

我儿子就是上述这种男孩。虽然是男孩子，但更喜欢跟女孩子一起玩。

他从上幼儿园开始就喜欢跟女孩子一起玩，上小学也依然如此。在上男女同校的中学和高中的时候，他的异性朋友要占大多数。这不是因为他有特殊的魅力，在女孩子当中非常受欢迎。他跟异性朋友，也仅仅是要好的关系。

很多在幼儿园时期喜欢跟女孩子一起玩的男孩子，上小学之后，大部分时间都会跟男孩子一起玩；而我的儿子上小学之后，还是喜欢跟女孩子一起玩。

我有些不解地问道："你为什么喜欢跟女孩子一起玩？"儿子在小学、中学、高中阶段的回答都各不相同。

小学时他说："因为男孩子中爱说脏话的特别多。"

中学时他说："因为他们整天都说关于游戏的事情。"

高中时他说："因为男孩子们总是谈论成人电影。"

大家不要只看这些回答就误以为我儿子不说脏话、不玩游戏，也不看成人电影。我儿子也有骂人、沉迷于游戏、看成人电影的时候，还被我抓过现行。他只是不怎么喜欢和朋友相处的时候，总聊这种话题。相比之下，和女孩子们在一起玩的时候，对话内容更加丰富，所以他就非常自然地愿意和女孩子们相处。

看到上述回答，有些家长会觉得："啊，原来男孩子们的对话内容都这样啊！"当然，日常生活中这样的男孩子占大多数是不可否认的事实。在我们的社会，辱骂、游戏、低俗的电影更接近男性文化，但如果认为所有男人都这样的话，就会形成另一种偏见。

就这样，我儿子的异性朋友一直比同性朋友多，但从未因此出现过什么问题，他也没有因为这件事跟男孩子们出现过不愉快。

反而这些异性朋友，在学习和未来规划方面给予了他许多帮助。尤其是高中时期，我始终记得鼓励我儿子一起参加英语辩论大赛的那个女孩，我一直非常感激她。就是因为那次大赛，让做梦都没想到能考上大学的儿子，以英语特长生的身份，被大学录取了。

我认为孩子的交友标准不是性别，而是性格取向的话，那么与异性朋友相处得多一些,也没必要为此过于担心。这恰恰说明他不受性别限制,很好地掌握了自己的性格取向。难道这不应该得到表扬吗?

如果担心这样下去,以后就不能和男孩子们友好相处,这就未免有些杞人忧天了。因为孩子的交友标准不是性别,而是性格取向,所以只要他们有共同语言,就可以交很多朋友。

高中时期异性朋友占大部分的儿子,上大学之后,同性朋友的比重明显增加了。他很高兴周围出现许多志趣相投的男孩子。

如果孩子的交友标准不是性格取向,而是性别,也就是说因为对异性有好感,所以才喜欢跟女孩子们相处的话,那我们就要采取点策略了。这并不意味着我们必须去强行制止。这时我们应该教孩子恋爱的礼仪。

关于恋爱礼仪的相关注意事项,在这里我简单告诉大家两个核心点:第一,认识并尊重对方的自我决定权。第二,不要搞地下恋情,而是公开交往。父母一定要叮嘱孩子,两人之间出现问题或有烦恼时,首先要与父母进行商议。

我认为如果儿子的朋友都是男孩子的话,妈妈们应该要多注意一下。当然,只和男孩子相处本身并不存在什么问题,但是如果缺乏对女性与弱势群体的尊重或性教育不足的情况下，让儿子只跟同性接触的话，稍有不慎他就会沾染贬低女性或弱势群体的风气。

很多时候，父母会认为"男孩子嘛，他的朋友都是男孩子，这很正常啊"，也就不会太在意。但是我建议大家，哪怕只有一次，希望大家仔细观察，无论是男孩子还是女孩子，看看孩子是否能交到价值观和性格等方面相投的朋友。

15
送给与朋友吵架的儿子
那种情况下，怎么做更好呢

孩子与朋友的关系永远是妈妈非常关注的事情，如果孩子和朋友发生矛盾，妈妈心里也不舒服。

以前人们经常会说"小孩子嘛，打打闹闹很正常啊，都是这么长大的"，也不会太在意。他们经常跟小伙伴们吵得不可开交，但是一转眼又会在一起玩耍。近年来，无论是在校园内还是校园外，时常会出现暴力或霸凌现象，所以妈妈们也对这种问题，比过去更加敏感。

"小孩子嘛，打打闹闹很正常啊，都是这么长大的。"我对这句话反复斟酌了几遍。孩子们在吵架时才会表达自己的真实想法，要学会吵架，会吵架才能维持彼此的深厚友谊。这就是我在妈妈与孩子的关系中所强调的内容，这同样适用于孩子与朋友的关系。孩子们通过与朋友吵架，学会如何对待人际关系。

有时候，孩子在与朋友交往的过程中，可能会发生一些更为严重的情况，这就需要我们注意观察。作为心理咨询师，我在咨询过程中发现，许多孩子在遭到校园暴力或霸凌等非常严重的事情时，反而不愿告诉妈妈。因此，妈妈们要从孩子的日常行为中，发现他与平时的不同点，从中了解更多事情。如果孩子谈到与朋友的矛盾时，请不要惊慌失措，要冷静地跟孩子进行交流。

那么孩子和朋友吵架伤心的时候，妈妈应该说什么好呢？这时妈妈们很容易犯一个错误，为了"跟孩子产生共鸣"，一味地包庇自己的孩子，指责孩子的朋友。

下面，我跟大家分享一个在我的咨询工作中遇到的案例。这个孩子性格很好，和他最要好的朋友平时总喜欢调皮捣蛋，所以对朋友的恶作剧，他当成是玩笑，也不会太在意。有一天，这孩子心情很不好，恰好这个朋友做了个比平时更过分的恶作剧，于是点燃怒火的孩子跟朋友大吵了一架。

放学回家后，这孩子跟妈妈说："他真是太……"就开始说起朋友的种种坏话。妈妈一边听一边附和着说："对对，我也觉得他是个坏孩子，以后不能再跟他玩了。"

这孩子会感谢妈妈偏袒他吗？心情会好点吗？并没有，他反过来跟妈妈大发脾气——

"妈妈为什么要讨厌他！"

突如其来的状况，让这位妈妈很难受，便开始责怪孩子。

"不是你自己说的吗，怎么又怪起我来了？"

这孩子在学校跟朋友吵架，回家又跟妈妈闹别扭。后来到我这里咨询的时候，孩子解释道——

"虽然跟朋友吵架我很伤心，但他也不是那么坏的人。那天我的情绪也有些低落，所以才吵了起来。但妈妈也不能把他当成坏孩子啊，这让我很难过。"

孩子是一时气不过才跟妈妈说了朋友的坏话，但作为当事人，他知道事情的缘由，所以并没有要跟朋友断交的想法，孩子仍然珍惜这位好朋友。妈妈不了解整个事件的来龙去脉,只凭借孩子说的话,就断定他的朋友是个坏孩子。也许妈妈平时一直担心"儿子会不会被调皮的孩子欺负",借着这件事将自己所担心的事情说出来罢了。

妈妈要与孩子产生共鸣,这一点固然没错,但孩子因为与朋友发生矛盾而生气或沮丧等,表现出与平时不同的情绪时,妈妈只需平复孩子当时激动的情绪,看看还有什么可以帮到他,做到这些其实就已经足够了。当然,首先要跟孩子说"我想知道你为什么这么伤心"。

妈妈没有必要对儿子的朋友下定论。"别再跟他玩"或者"怎么能和朋友吵架呢,要好好相处"之类的观点,对孩子而言是一种变相的负担,全权交给儿子来判断吧。不管孩子决定绝交还是和朋友和好,请将决定权留给孩子。

其实孩子在向妈妈讲述和朋友的矛盾时,一般都会向着对自己有利的方向讲。有可能是为了掩饰自己的错误,也有可能是还没能完全理解朋友的处境,但矛盾并不都是单方面犯错,通常都是因为双方的立场不同,才会导致矛盾的爆发。所以在倾听孩子的讲述时,有必要引导他从更广阔的层面上思考问题——

"你朋友为什么要那么说呢?"

"你朋友平时怎么样?"

"在那种状况下,该怎么做才好呢?"

这样一来,孩子会自我反思,也会冷静地思考自己与朋友的关系。这有助于他更加理性地做出判断。

但校园暴力和霸凌问题就完全不一样了。这种情况是单方面的,所以要进行不同的对话,同时还要积极向学校寻求帮助。除此之外,孩子可以通过与朋友的关系对话,重新回顾自己,并在此过程中进一步成长。

16
送给没有几个朋友的儿子
不一定非得有很多朋友

很多妈妈会担心孩子和朋友吵架,但更担心孩子没多少朋友。妈妈们都希望自己的孩子可以和同班同学友好相处,现实中也确实不乏这样的孩子,但做不到这一点的孩子也不在少数。

不管怎么说,我认为大多数有儿子的妈妈还是更担心儿子没多少朋友。我们都希望儿子"像个男子汉",勇敢地、自信地跟同龄人一起玩耍,必要时也能站出来勇敢地表达自己的想法。如果儿子说自己没多少朋友,妈妈们就会心神不宁、心烦意乱地想:"我儿子是不是有社交恐惧症?"

当我说尚珉也没有多少朋友时,认识我们母子的人会说:"真的吗?完全看不出来啊。"他曾经也因朋友经历过一些伤痛,但现在周围有很多值得信赖的朋友,和初次见面的人也能友好相处。但是说真的,到上小学三四年级为止,尚珉也只有两三个要好的朋友。娇小的体型,加上因家庭原因经常要搬家,外加他本就不是特别活泼的性格,所以好像没能得到大家太多的关注。

朋友一定要多吗?我觉得没有必要。有些人倾向于广交朋友,有些人则倾向于只跟少数几人进行密切的交往。这没有好与不好之说,其实只是个人的一种交友倾向而已,所以我们要尊重每个人的交友权利。

交友倾向在某种程度上可以说是与生俱来的,但也不是一成不变的。在孩子的成长过程中,这一倾向也会有所变化。但我们没必要刻意去改变它,无论改变与否,这也只是个人的生活方式,我们要尊重每个人的选择。

社会上有这么一种普遍认知:"善于交朋友、社交能力较强的人,能更好地适应社会生活,在组织中也更受认可。"妈妈担心儿子没有多少朋友,也是出于这种认知。但实际情况又如何呢?当然,在某些领域确实需要很强的社交能力,但不可否认,生活中必然会存在无需社交能力的领域。

请大家注意观察:您身边是否有这样的人,虽然不善于社交、朋友也不怎么多,但无论是在工作中还是在家庭中,都尽心尽责、广受他人好评。相反,是不是也有那些社交能力强,周围朋友也多,但是没能取得什么成就的人?

孩子并不一定要具备社交能力和领导能力。不符合自己的交友倾向,强迫自己去交友,对孩子来说也是一种负担。如果孩子能与为数不多的朋友相处得很好,还不是特别想结交新朋友的话,我认为就不用太担心。

"你为什么总跟他玩呢?你就没有其他朋友吗?"

请不要用这种话给孩子施压。作为家长,帮助他与现在的朋友好好相处就足够了。

但如果孩子因为想认识更多的新朋友而苦恼呢?孩子能有这种苦

恼，无非是下面两种情况——

第一种，原本是满足于现状的孩子，经常听周围大人说"你是不是太消极了？"就有可能会自责，进而产生"我是不是做错了"的想法。如果是这种情况，我们只要鼓励孩子，坚持自己的交友倾向就可以了。

"不一定非得有很多朋友，不是有句俗话说'宁缺毋滥'吗？你可能更在意友情的深度，所以你只要跟现在的朋友们好好相处就可以了。"

第二种，虽然喜欢交朋友，但不知道如何与同龄人相处，不太了解"相处的技术"。相处的技术其实就是对话。对话要考虑对方的感受，要让对方在对话中感到开心和舒畅，这样才能交到新朋友。显然孩子们普遍缺乏这方面的技巧。

尚珉以前也没有多少朋友，到了小学高年级以后，朋友开始渐渐多了起来。以前他的朋友就那么几个，所以我对他们都非常熟悉，但自从儿子上了高年级以后，我就不太认识他的朋友们了。

对此我十分好奇，于是问尚珉："你跟这些朋友是怎么认识的？"他说只是借鉴并模仿身为咨询师的我而已。"我妈妈是咨询师，我会像咨询师一样认真听你们的问题的。有什么烦恼就跟我说吧。"他就这样开始给朋友们做咨询了。有些人会向他倾诉一些严肃的问题，例如成绩或者关于异性的问题，也有人会跟他开玩笑地说："不知道这个周末要玩什么啊。"

尚珉的咨询工作做得非常成功，反响也非常好，朋友们都要向他咨询。小学三年级的时候，他表示要收取 50 韩元（约合人民币 0.30 元）一次的咨询费。所以大家都叫他"50 元咨询所"。当时走进儿子的房间，在他的书包和书桌上，总能看见几枚散落的 50 元硬币。

咨询其实就是要进行"美好的对话"。儿子说这些都是跟妈妈学的，但咨询的秘诀在于，通过对话与他人产生共鸣。他通过对话解决了他人的烦恼，也因此收获了友情。

与周围人进行友好对话的方法，并非通过简单学习就能会的，也不是妈妈一两句建议就可以让孩子掌握的。这需要日常积累，平时妈妈和儿子的对话内容要丰富、要和谐。善于跟妈妈对话的孩子，同样能和其他人进行友好的对话。

在这里，给大家讲一个我自己的故事。小时候我父母的关系非常不好，生活氛围凝重成为我们家的主调。一般情况下，我不跟父母交流，很多时候我只是被他们单方面训斥。不善跟人交流的我，总是畏首畏尾，所以也没什么朋友。就这样以"被大家遗忘的边缘人"的角色，度过了我的学生时代。从学校毕业，参加工作以后，我才重新拾起了自尊感。我的这种经历，让我下定决心——将来一定要成为善于和孩子交流的妈妈。

我想再次强调一下，没必要将孩子朋友的多与少当成问题。有许多孩子没多少朋友，却能很好地跟妈妈进行对话。不管孩子是不是擅长社交，只要能与妈妈进行友好的对话，那就说明孩子在生活中是有主心骨的，所以不用太担心。

17
送给因为老师而伤心的儿子
老师也会失误，妈妈也是一样的

孩子刚入学时，妈妈们都会有"希望孩子能遇到一个好老师"的想法，同时也希望孩子能够喜欢老师，跟老师建立起良好的师生关系。这些都说明老师对孩子学习成长具有非常重要的作用。

诚然，我们有许多优秀的老师，但老师毕竟不是圣人，即使他对每一个孩子都十分用心，也很难和所有的孩子建立良好的师生关系。

就算是生活在一起的家人，也有不和的时候，何况是老师呢？

刚入学时，儿子和他遇到的第一位班主任，并没有建立良好的关系。有一天，我下班回家的路上，看到儿子一个人在小区公园里哭泣。由于涉及他人，具体发生的事情，就不在这里向大家一一赘述了。当时听完孩子的描述，我认为"孩子收拾东西，只是想早点回家，老师是不是有些小题大做了"。

我第一时间上去，安慰情绪低落的儿子——

"哦，原来你只是想快点回家，才那么做的，对吗？原来你也跟妈妈一样，想早点回家啊。但老师那么说你，你被吓到了吧，是不是很难过？"

然后，我只是说出老师为什么会那样做，并没有对老师进行任何指责。不仅如此，我还说明了当时老师的立场——

"老师要是能理解你就好了。你又没打扰到其他孩子，你只是着急回家，不是吗？可能老师当时以为你要出去，不知道该怎么办才好，应该是有些慌神了。是不是很难过，妈妈帮你问问老师，好吗？"

过了几天，我单独拜访了老师。因为儿子还小，所以我觉得我有必要向老师解释这件事情的缘由。这时我也没有说任何指责或埋怨的话，只是跟老师解释了"孩子当时的立场"。

因为跟第一位班主任相处得并不是很愉快，以至于儿子对老师产生了一些抵触心理。这种情况一直持续到小学四年级，才有所改善。

有一次，儿子考完试回家后，一直摇着头嘀咕着："除了第四个选项，第一个选项看起来也正确……"为了验证自己的看法，他找遍了所有教科书和试卷，终于找到了第一个选项也是正确答案的依据。

但儿子却在犹豫，不知该如何把这件事情告诉班主任。他怕班主任不接受自己的想法，也担心班主任会觉得他是不是看不起老师。当时，我就跟他说：

"老师也有失误的时候，妈妈也会经常犯错啊。你可以去找老师，好好说明一下，可以吗？大人又不是圣人，也会有失误，所以不要怪老师犯错，要将你发现的问题，如实地告诉老师，好吗？"

后来，儿子怀着忐忑不安的心情去了学校。我也非常好奇会发生什么事情，导致我一天都没法集中精力好好工作。万幸的是，儿子回家后非常开心。老师听完儿子的解释后说："我觉得你说得没错。"随即召开了四年级全体教师会议,并在下课前通过校园广播告知了全体学生该试题的第一个选项也是正确答案,并说明这一问题是"×年×班的尚珉同学发现的"。

儿子高兴得合不拢嘴,蹦蹦跳跳地大喊道:"妈妈,我们学校的老师都是非常棒的大人!原来世上有这么多好的大人!我现在非常幸福!"

我去学校咨询的时候,见过许多工作在教育一线的老师。他们除了正常上课以外,还有很多工作需要处理,但是近年来因为对公共教育的不信任,许多人总是戴着有色眼镜看他们,这也给他们带来了许多苦恼。

所以,即使出现因为老师而让孩子伤心难过的事情,我们也要尽量克制,不要当面责怪老师。作为学生,每天都要跟老师碰面,所以孩子也不喜欢那种场合。如果您认为老师确实有问题,请另寻时间单独拜访他。其实,绝大多数老师都是真心喜欢孩子,而且是非常热爱自己事业的人。

18 送给不爱说心里话的儿子

你跟平时不一样呢，发生什么事了吗

孩子处于幼儿期的时候，妈妈能知道他的一举一动。但等孩子上了幼儿园、上了学就会有妈妈无法亲眼看到的、属于孩子自己的日常生活。随着年龄的增长，孩子的这种日常生活比重会越来越大。妈妈只有通过孩子的描述，才能知道在他身上发生的事情。所以妈妈经常在孩子放学回家或者全家聚在一起吃晚饭的时候说："今天一切都还好吧？"

孩子其实没有必要把今天发生的所有事情，从头到尾跟妈妈讲一遍。即使如此，妈妈的"今天没什么事情吧"这句话，也表明妈妈非常希望孩子能说出今天最令他难忘、印象深刻的一两件事情。当然，这句话还包含妈妈的另一种想法，就是希望儿子能主动将今天在他身上发生的大事告诉妈妈。

如果孩子说"没什么特别的事""跟平时一样"，大多数妈妈不会太在意，但其实很多时候，妈妈们总是后知后觉，往往是经过一段时间以后，才得知孩子身上发生的事情。有时候是孩子事后主动告诉妈妈,有时候是从其他家长那里得知,甚至有时候是老师打来电话,妈妈们才得知事情的缘由。如果只是和朋友吵架或被老师批评还不算太糟,但有时候也会发生跟校园暴力有关的严重事件。

妈妈知道发生的事情后,再回想起孩子说的"没什么特别的事情啊"这句话,会感到非常困惑,甚至会觉得孩子欺骗了自己,但转念一想,"我这个当妈妈的,竟然什么都没看出来",又会非常后悔和内疚。

事实上,孩子可能已经向我们发出了异常的信号,只是我们没有"明察秋毫"而已。所以,我们平时倾听孩子的讲述时,如果发现有跟平时不一样的地方,就需要向孩子详细地询问。这是我做咨询时,经常采用的方法。

举一个常见的例子。妈妈和孩子之间,经常会有这样的对话——

"今天在学校怎么样?"

"今天?什么事都没有啊。"

这种看似普通的回答,孩子显得有些木讷,看起来似乎没什么大问题。但其实,如果没有什么事情发生,孩子一般不会重复说"今天",通常都是直接回答说"什么事都没有啊"。仅从重复"今天"

这个词语上，就能看出这种回答跟平时还是不一样的。这时候我会问——

"今天没什么事吗？那昨天呢？发生什么事了吗？"

这时候孩子的回答会带有微妙的停顿或含糊其词。
"啊？嗯，嗯……也没什么特别的事。"
在那一瞬间，孩子可能在纠结到底要不要说出来，或者因为在回想某件事，没能听到我说的话。那么我会接着问——

"我感觉好像发生了一些事情哦，能跟我说说吗？"

还有一种情况，孩子回答得比平时快，着急忙慌地躲进自己的房间。这有可能是发生过令他在意或恼火的事情，所以想尽快进入属于自己的空间，找回自己内心的平静。我儿子尚珉经常这样。通常情况下，我轻轻地推开房门一看，他已经躺在床上睡着了，他缓解压力的方式就是睡眠。所以当他醒了之后，我会问他——

"妈妈觉得你跟平时不一样，有什么让你伤心难过的事吗？"

当我这么问的时候，不管是尚珉还是那些我咨询过的孩子，他们都会瞪大双眼望着我。

"妈妈,您是不是在我身上装了监控?"

"老师,您是算命先生吗?"

"老师,您是不是有三只耳朵?"

我因此还得到了"三耳老师"的绰号。

以上,我只是列举了几个最具有代表性的案例。重点在于从孩子平常使用的词语或语气,还有他的言行举止中敏锐地捕捉到与平时不一样的地方。妈妈作为跟孩子关系最近的人,可能很快就能察觉出来。但实际上,正因为如此,妈妈才更容易忽略这些不同点,就像俗话说的"灯下黑"一样。

因为从事这方面工作的缘故,每天都要跟许多孩子接触,所以我的这方面直觉可能会更敏锐一些。普通妈妈很难做到像专业的咨询师一样拥有敏锐的直觉,所以不要太勉强自己。

比起这些,平时多跟孩子进行交流,认真倾听孩子的讲述,才是解决问题的好办法。只要我们一直向孩子敞开心扉,孩子一定会说出来。

⑲ 送给欺负女孩子的儿子

无论用什么话辩解，都是徒劳，暴力就是暴力

有些男孩特别喜欢欺负女孩，要么拽女孩的头发，要么妨碍她们玩过家家等游戏。

通常对男孩的这种调皮行为，家长们一般都会不以为然地说："他好像喜欢那个女孩啊"或"想和她成为好朋友啊"。如果正读此书的您也这么认为的话，我可以明确告诉您，这就是一种霸凌和暴力行为。

我们首先要了解男孩为什么会做出这种行为。原因大致可以有以下四种情况——

第一，唯独讨厌个别女孩的情况，也就是说，孩子很不喜欢这个女孩的某一方面。

第二，女孩先欺凌男孩或施加暴力的情况。有时候，有可能是女孩先嘲笑男孩或动手打了他。并不能因为是男孩，就自然地将他当成加害人。

上述两种情况，比起性别，脾气和性格的关系可能更大。我们应该将此类事件当作是"孩子欺负朋友",而不是"男孩欺负女孩"。

当然,这并不意味着可以将这些当成朋友之间正常的吵架,而不给予必要的重视。我们应该给暴力划定明确的底线,就是无论在什么情况下,都不能使用暴力。作为家长,我们既要安抚孩子的情绪,也要引导他们寻找暴力之外的解决方法——

"不能因为讨厌那个人,就这么欺负他。讨厌别人的时候,可以告诉妈妈呀,我们一起找找解决办法。"

"妈妈完全理解你现在的心情,毕竟是她先起的头,对吗?但你也不能做出跟她一样的行为啊,这不就成了以牙还牙吗?你这样做的话,不也跟她一样犯错误了吗?不如我们请老师帮帮忙,怎么样?"

四种原因,我们先了解了前两个。那么其他两个原因又是什么呢?

第三,想要炫耀自己力量的情况。有的男孩想炫耀自己的力量,就要寻找比自己弱的对象,所以女孩子成为目标。

第四,想要得到家长关注的情况。可能之前曾因为欺负女孩子,受到过家长的关注。但是,这种关注并不是针对性的咨询或教育,仅仅是简简单单的指责。

如果孩子出现第一种和第二种情况，妈妈要严肃对待；如果孩子出现第三种和第四种情况，妈妈则需要再提高其危险评估等级。因为这时候孩子可能在自尊感的成长过程中，存在一些问题。他们会因自身的自尊感低，而想炫耀自己的力量，想用这种不恰当的方式引起家长的关注。

在给孩子们做咨询的过程中，我遇到过许多被男朋友长期欺负的女青少年，也遇到过很多非常执着于欺负女朋友的男青少年。这时的欺负可不仅仅是拽头发那么简单，而是说脏话、威胁、跟踪，甚至还有暴力行为，等等。若非听到双方对话，真的很难想象这是一个十几岁孩子可以做出来的事情。

在这种情况下，您知道大部分男青少年会说什么吗？就是"她看不起我"，这种话常见于成年人的约会暴力和家暴事件中。

自尊感极低的男性，认为女性不顺从自己或者拒绝自己，就是"看不起自己"，所以他们觉得用暴力来惩罚这种女性是理所应当的。越是自尊感低的男性，就越想虐待动物、贬低女性，想要凌驾于女性之上，一旦女性不顺从他们，他们就想用暴力解决一切问题。

可能会有一些读者怀疑，这是不是将危险性夸大了，"都是孩子，用极端暴力的案例来解释说明是不是有些过了？"

我也曾犹豫过，要不要在这本书中，提及这些内容，最终我还是认为，有必要将事情的严重性传递给大家。如果对欺负女孩子的现象袖手旁观的话，谁又能保证十几年后，我们的儿子不会变成另一个施暴者呢？

如果我们的孩子为了炫耀自己的力量，为了引起家长的关注，欺负女孩子的话，那么作为妈妈的我们应该跟孩子进行怎样的对话呢？说实话，在这种情况下，我无法给大家一个准确的建议，因为和妈妈的对话固然很重要，但仅凭对话是无法取得立竿见影的效果的。我认为这时候更需要联系专家，给孩子进行相应的心理咨询和心理治疗。

这是我在担任中学咨询师的时候，亲身经历的事情——

一连好几天，隔壁小学的学生在上学时，都能看到池塘里的鲤鱼，被人残忍地剁成三块。学校为了抓到肇事者安装了监控摄像头，结果发现肇事者竟然是这所中学的一个男生。学校为此召开了惩戒委员会会议，我也应邀参加了。当天，那个男生的妈妈大声喊道："鲤鱼才值多少钱？我赔钱不就行了吗？不要把我儿子当成精神病！又不是什么大事，值得让你们这么对我呼来喝去的吗？"

也许这个男生此前在别的地方也有过类似的暴力行为。如果当时能早点接受治疗就好了，但是因为妈妈不正确的爱，导致孩子的病情越来越重，对此我感到非常心痛。

为了避免悲剧再发生，下面我给大家提供一个整体的对话思路。

如上所述，首先我们要让孩子明确知道，关于暴力的底线。然后再鼓励孩子加强对自尊感的认识，让他认识到因为他的存在本身就已经很宝贵了，所以没必要去欺负别人。自尊感强的孩子会忠于自己，也会尊重包括女孩在内的弱势群体。

最后我想再嘱咐大家，为了能和孩子进行有效对话，妈妈首先要正确认识暴力行为。生活中，我们有时候可以对孩子宽容一些，但我希望在面对孩子的暴力行为时，绝不要用感情或关心来包庇，而是应该用理性的目光去看待。

20 送给有喜欢的女孩子的儿子

妈妈做你的恋爱咨询师吧

孩子们的恋爱情结，最早可能出现在托儿所或幼儿园。许多孩子在小学阶段就已经谈起了恋爱。

已经做了家长的你们第一次恋爱是几岁开始的呢？大部分人应该

是成年以后，即使再快也是在初中、高中时经历过初恋。小学的时候虽然喜欢过某人，但真正跟对方谈过恋爱的人应该不多。所以很多妈妈在得知作为小学生的儿子在谈恋爱时，会表现得十分惊讶——"怎么可能，他怎么这么早……"

请您不要太担心。不必将小学生之间的恋爱视为与成年人一样的恋爱。对他们来说，异性朋友只是更特别的朋友而已。

但这并不意味着，我们可以对孩子恋爱的事情置之不理。因为在他们这个年龄段，恋爱正好是学习处理人际关系的好机会。孩子可以通过恋爱，思考并学习如何尊重对方，如何解决与对方矛盾的方法。

这里有一个重要的前提条件，那就是让孩子光明正大地谈恋爱，而不是发展地下恋情。

如果孩子不知道怎么去谈恋爱，又或者连他自己都不知道自己是否正在谈恋爱的话，妈妈又能帮到孩子什么呢？所以我们应该让孩子放心地向妈妈讲述自己的恋爱故事。尤其是在谈恋爱的过程中，孩子如果有烦恼的话，就应该让他主动向妈妈咨询相关的问题。

孩子要是跟您说："我喜欢×××。"请不要一惊一乍，也不要当成耳旁风，您只需要认真倾听就可以了。

然后自然地问他——那个女孩是怎样的人？为什么会喜欢她？今

天发生了什么事情?你又对她做了些什么?等等。

"她也知道你喜欢她吗?她也喜欢你吗?"

"你跟她说了些什么?"

"你想为她做点什么吗?"

每个孩子的情况都不一样,所以会出现各种各样的状况。有些孩子虽然有谈恋爱的想法,但会感到害羞;有些孩子想积极地开始谈恋爱;也有的孩子可能与恋人心意相通,已经互相确认了关系。孩子要是能跟妈妈说起这些,仅这一点妈妈就应该感到十分庆幸。因为能跟妈妈分享自己恋爱这种私人情感,说明孩子从心底里信任妈妈,并将妈妈当成他的支持者。也有可能是孩子想让妈妈了解他的感情,又或者是想得到妈妈的一些建议。

妈妈并不需要表现得太积极,能根据孩子的具体情况与其进行适当的对话就好。这时请妈妈一定要告诉儿子,必须跟恋爱对象相互尊重彼此的心意。这既是恋爱关系中最重要的基本礼仪,也是恋爱的核心原则。

一直以来,我们都认为男性必须积极追求女性,女性只是被动地接受男性的追求。这种观念会无视女性的意愿,会使男性的单方面追求变得正当化，而且在恋爱关系中，由男性主导并作出决定的行为会被大众认为有"男子气概"。但现在时代不同了，不应该再鼓励这种观念。如果任其发展，可能会发展成约会暴力。

如果儿子只是单方面喜欢对方，妈妈也不应该立刻劝他不要胡思乱想，而是可以跟儿子一起探讨一下，如何才能让对方敞开心扉接纳自己。但如果对方一直没有什么表态，或者明确表示拒绝之后，儿子还是不肯放弃的话，这就说明儿子还不懂恋爱基本礼节。这时就需要妈妈的悉心指导。

近年来，还出现了"安全分手"这个新名词，意思是女性提出分手后，不会被男性跟踪、威胁和施暴等，二人和平地分手。这一新名词的出现，也从侧面反映了很多男性在连最基本的恋爱礼节都没学会的情况下长大成人了。

我经常跟儿子强调——

"你要懂她的心，不能一意孤行，那不是真正的喜欢。尊重她的心才是真的喜欢。"

还有一点要告诉大家，如何解决恋爱中发生的矛盾。恋爱双方无论多么喜欢彼此，也难免会有矛盾。年龄越小，对恋爱的幻想和期待就越高，但这些与现实不符，所以在恋爱中，很容易失望，也很容易闹不愉快。

即便双方发生矛盾，也要守住底线，就是尊重对方。只有这样才能圆满解决矛盾。当然，这并不意味着要继续双方的恋爱关系。如果彼此不尊重，最好尽快结束恋爱关系。

我经常嘱咐儿子，即使是在双方有争执的情况下，也要尊重对方的态度、价值观、性格、兴趣。我告诉他一般吵架的时候，都会露出自己的真心，所以要好好观察对方的真心。

一直担任儿子恋爱顾问的我，可以非常自信地告诉大家：儿子的恋爱关系，可以让母子关系更进一步。其前提条件就是我之前所说的，妈妈能为儿子提供良好的恋爱咨询。

跟大家分享一下，儿子小时候的事情。当时，他喜欢上了一个幼儿园同班的女孩。儿子抓住我说："妈妈，我想跟那个女孩变得更亲近，但是我太紧张了，心脏都快要跳出来了，怎么办呢？"望着向我请求帮助的儿子，我决定替他迈出这一步。某个下雨天，我带着两把伞去接儿子，到了幼儿园门口就看到儿子，正好那个女孩也在附近，于是我就试着跟她说——

"×××，你没带雨伞啊？我是尚珉的妈妈，你妈妈今天不能来接你吗？这样，阿姨是大人，可以一个人打伞，你们两个可以一起用这把伞吗？"

因为跟自己喜欢的女孩一起打伞，一路上尚珉都嘻嘻哈哈地笑个不停。回到家后，儿子抱着我说——

"妈妈，太谢谢您了！您是最棒的妈妈！以后我什么都听您的！"

21
送给开始叛逆的儿子
我们为了健康斗争展开对话吧

孩子在四岁左右开始就会有一些自己的小脾气，不听妈妈的话，所以才有人说"惹人烦的四岁"。但孩子真正的叛逆是从青春期开始的。这时候不管妈妈说什么，孩子都会摆出一副不耐烦的样子，开始反抗。

我儿子好像在他五岁、十一岁、十四岁、十六岁、十九岁的时候都有过叛逆。各位的儿子又是怎样的呢？

特别是青春期的时候,男孩子们开始叛逆的最主要原因是激素变化所引起的大起大落情绪变化。但如果仅仅把这些变化的原因归结于激素的变化,孩子们又有符合他们逻辑的正当理由。也就是说他们开始不再忍受他们以前不知道的,或者明知结果但又没那么在意过的家长的"不合理"。当然他们所谓的"不合理",在家长看来大部分是啼笑皆非的事情。

这时候,妈妈们的反应大致分为两种。第一种,如果孩子叛逆,那就一起大声吵架。第二种,不愿跟孩子一般见识,不想跟孩子吵架,也就放任他自便。不管是哪种方式,妈妈都会感到伤心疲惫。所以很多妈妈遇到我,都会问:"该怎么跟孩子对话,才能让他克制一下自己的情绪,好好听我说话呢?"

我不知道什么样的对话,能让一个青春期的孩子不叛逆,又或者停止叛逆。我觉得世上没有这种对话。

但我会给出这样的建议——"请和孩子进行能吵好架的对话吧。"也就是说,不要退缩,大声地说出来,只有这样才能让孩子知道你的想法。

和孩子大声吵架,并不意味着这是在吵好架。双方之所以会提高音量,是因为彼此的情绪都过于激动。在这种情况下,很容易说出不是本意的粗话，会给妈妈和孩子留下难忘的伤痛。吵完这种架的后遗症非常严重。

而放任不管、不予理睬孩子等于回避冲突，更称不上是一个吵好架的方式。或许短时间内家里会比较安静，或许青春期也有可能得过且过地应付过去，但当出现矛盾时选择回避，就等于让孩子失去学习如何吵好架的机会。

如何与叛逆的孩子吵好架呢？主要有以下四点。

第一，妈妈要静下心来，然后再和孩子说话。不能因为孩子的情绪失控，妈妈也跟着激动起来。一提到"吵架"，有些人就认为是大喊大叫，其实要吵好架首先要控制好情绪，双方要在冷静的状态下进行意见交流。然而这绝非易事，但作为大人，经历过青春期的妈妈，您是不是要先冷静下来呢？只有这样，孩子才能平复心情，不是吗？

建议大家可以将特定的地点或时间作为规则。例如，"当你和妈妈一起坐在这张桌子旁的时候，我们都要静下心来，慢慢地陈述自己的观点"。

第二，在吵架之前，要明确吵架的目的是"吵好架"。也就是说要跟孩子分享吵架的目的。我跟儿子这样说——

"从现在开始我们要吵架,你要知道这是为了我们的幸福,为了我们能更好地相处才吵架;而不是为了要分输赢,更不是要给别人留下难忘的记忆,明白吗?"

第三,用"你的问题"来代替"因为你""都怪你""你的错"等用语。如果孩子使用这种用语的话,请妈妈及时更正后再进行对话。给大家分享一下,我和儿子之间的对话案例——

"是妈妈没叫醒我,因为您,我才会迟到。"

"所以说你睡懒觉迟到是妈妈的问题,对吗?但是我不觉得这是妈妈的问题,这是你的问题。你应该学会独自处理自己的事情啊。"

即使以平静的心态开始吵架,有时候也会因"因为妈妈""都是你的错"等表达,而重新点燃"战斗"的导火索。但是"××的问题"的表述,不是带有感情色彩的埋怨,而是更趋向于理性的批判。因此,这样做可以有效防止吵架目的的偏离。

第四,吵架不要过夜(吵架要在当天结束)。吵架不要虎头蛇尾,更不要拖到第二天。任何一方心存芥蒂,这都不能说是一次成功的吵架。

要是吵了几个小时都未能结束，到了睡觉时间，又该怎么办呢？所以我在吵架前会说："我们的吵架一定要在今天内结束，所以你想说什么就说什么，妈妈也会把想说的都说出来。"

刚开始不仅是孩子，妈妈可能也会比较生疏。不过凡事只要坚持就会取得效果，您跟青春期的孩子，也不会只有一两次争执吧。吵着吵着就会发现各自真正想要的东西，母子之间也会渐渐熟悉对方的观点。这种恢复关系的吵架，我认为还是有必要认真对待的。

最后再嘱咐大家一点，请不要对孩子的叛逆太伤心。有位妈妈曾诉苦说："我有种遭到背叛的感觉。"但反过来一想，孩子之所以这么叛逆，不就是证明他在努力适应现在的成长过程吗？所以，请大家务必静下心来，更专注与孩子恢复关系的吵架。

22
送给发表"仇恨言论"的儿子
妈妈以后绝对不会用那样的语言表达

不知道大家有没有听说过"仇恨言论"这个词？仇恨言论也被称作憎恨言论（Hatespeech），指的是对特定群体的贬低或煽动性的语言，其主要对象是女性、残疾人、黑人等社会群体。

例如，以前在韩国电视节目中随意使用明显带有种族歧视的"黑鬼"一词。

我在前面提到过孩子们说脏话的话题。脏话虽然也不好，但和仇恨言论比起来完全不是一个级别。如果脏话是关乎"礼节"的问题，那么仇恨言论则属于"伦理问题"的范畴。仇恨言论无论在何时何地，都不能对他人使用，仇恨言论甚至可以延伸到仇恨犯罪。

今后仇恨言论将会成为法律制裁的对象。现在有些国家从法律上将仇恨言论定性为犯罪行为，并施以处罚。我认为在不久的将来，会有更多的国家制定关于处罚仇恨言论的法律。

为了不让尚珉学会任何仇恨言论，我真的费了不少心思。不仅仅在语言教育方面，我还特意学习了关于他人的尊重教育、人权教育、平等教育等知识。

令人遗憾的是，在很多国家最普遍的仇恨言论就是针对女性的。孩子们从小就开始听大人们"女孩子家的……""男子汉大丈夫……"等这些男女不平等、贬低女性的言论。日积月累，孩子们渐渐也开始熟悉仇恨言论了。作为妈妈，我们首先要从自己开始杜绝使用这种词语。

我推荐大家可以积极利用媒体资料对孩子进行教育。为了培养孩子性别平等的意识，我经常陪孩子观看《史莱克》系列动漫电影。《史莱克》里的菲奥娜公主可以说是颠覆了传统电影中的漂亮且稍显被动的公主形象，所以非常适合妈妈和儿子谈论性别平等的话题——

"公主变身的时候，你看到周围人的反应，有什么想法？"
"菲奥娜和其他作品中的公主有什么不同？"

不一定非得是讲述性别平等的作品，有些包含性别歧视的作品也可以用来进行性别平等教育。但要注意，观看此类作品时，妈妈要指出问题，让孩子重新思考后，再进行讨论。

除此之外，妈妈用实际行动来为社会弱势群体发声，给孩子树立榜样，同样也可以取得很好的教育效果。因为职业的关系，我经常举办性教育讲座，所以儿子在我的影响下学到了很多相关知识。此外，我还带着儿子参加残疾人机构组织的志愿者活动。当然，儿子也非常愿意参加这种活动。

孩子们有时会在与同龄人的交谈中学会仇恨言论。特别是在男孩子之间，对女性的仇恨言论经常会被认为是增强凝聚力的手段。所以必须在家庭教育中，培养孩子对仇恨言论的正确认识。对仇恨言论有明确认识的孩子，是不会被外界的刺激所动摇的。

尚珉在参加中学一年级班长选举的时候，打出的口号就是"爱所有人"。这时有个男生一脸坏笑地调侃道："也会爱残疾人吗？那么你可以亲她呗？你去亲一下吧。"班里的男孩们指的是一个残疾的女同学。当时男孩们的话里就包含着对女性和残疾人的仇恨言论。

尚珉回答说："无论男人还是女人，残疾人还是非残疾人，亲吻别人是需要经过对方同意的。"

时过境迁，有一次，长大成人的儿子参加了市里举行的某个文化活动，进入到活动现场，正好看到一支由残疾人组成的管弦乐队在进行演奏。中学时同班的那个女同学恰好在那支乐队担任小提琴手。女孩一眼就认出了尚珉，她非常高兴地跟他说："上中学时真的非常谢谢你，当时你说的话给了我很大的勇气。"

为了不让孩子使用仇恨言论，作为跟孩子关系最亲密的家长，首先从妈妈开始就要对仇恨言论有一个清晰的判定意识。我至今都小心翼翼，生怕自己在日常生活中，不知不觉触及性别歧视或仇恨言论。为了更美好的世界，为了我们的儿子，希望所有的妈妈可以率先行动起来。

㉓ 送给开始梦遗和遗精的儿子
为长大成人的你举办尊重派对

很多人对我为尚珉举办的尊重派对感到特别好奇。其实,就是为了庆祝儿子人生第一次射精,我给他举办的派对。

同时他们觉得特别尴尬又很难理解的内容,也是尊重派对。他们都说:"竟然能想到为祝贺儿子初次射精举办派对,真了不起……比较担心我能不能做到。"

这些反馈说明妈妈们与儿子进行以射精为主题的对话,还是觉得有些尴尬,间接表明妈妈对此还没做好心理准备。我想告诉正在踌躇不前的您——

"为了儿子,妈妈必须先做好准备。"

在我的职业生涯里,我见过许许多多的孩子,其中不乏因青春期二次发育而感到羞耻和害羞的孩子,甚至有一些孩子会厌恶自己的身体。

女孩子的这种情况比较严重,不知从何时开始有人就提议办个"初经派对"。一开始有些人认为:"只不过是来月经了,至于开派对吗?"但现在很多家庭都会为女儿举办"初经派对"。

反观男孩子却鲜有人关注,这一点非常令人惋惜。跟女孩子相比,程度上或许会有些不同,但男孩子也会因身体的变化而十分苦恼。第一次射精以后,"有奇怪的白色脓水流出来了,我是不是病了?"有些男孩子甚至会感到害怕。为了避免这种情况的发生,我决定给尚珉开尊重派对。

尚珉的尊重派对可以追溯到他上小学二年级的时候,我向他解释了什么是射精以及射精的意义——

"再过几年,等你到了青春期以后,会有白色液体从阴茎流出来,那就是射精。睡觉的时候流出来的,叫梦遗;白天流出来的叫遗精,这些都是射精。你开始射精,说明你的身体正在向成年人蜕变,也意味着你具备了当爸爸的能力。"

我向儿子承诺,在他第一次射精之后,会送他想要的礼物。

"为了奖励你的身体再次发育，我会送你梦寐以求的手机，也会增加你的零花钱。"

而且我还提前告诉他，到时候我会给他开一个尊重派对。

"为了庆祝你成为大人，妈妈会买个大蛋糕，给你开个很棒的派对，就像生日派对。"

那天之后，儿子就像等待又一个生日一样，盼望着第一次射精赶紧到来。"原来成为大人是一件好事情啊"，儿子做好了迎接二次发育的心理准备，期待着早日成为大人，同时也坚信"妈妈也支持我早日成为大人"。

几年后，儿子终于迎来了第一次射精，他兴高采烈地跟我汇报。我当然也按照约定给他买了手机，涨了零花钱，还给他举办了之前承诺过的尊重派对。当时，我和儿子高兴地一起拍手祝贺。

在尊重派对上，儿子站在蛋糕前笑着说："阴茎，谢谢你！"我用相机将这些都记录了下来。后来，我也多次在节目上介绍了这个视频。儿子经常开玩笑地说，自己小时候的模样，都被大家看到了，太丢人了。这时我也会说："将来还要在你的婚礼上再放一遍哦。"最近,我还将这段视频放到了网络上。

我讲这些并不是想说"尊重派对是必需的"。我的初衷就是想告诉大家,要营造妈妈和儿子围绕着二次发育充分交流的氛围,营造儿子可以放心地将身体变化告诉妈妈的家庭氛围。

尊重派对的举行与否,可以按照个人或家庭的氛围和实际情况来考虑。但至少关于二次发育的对话,尤其是关于第一次射精,一定要告诉儿子,而且记得一定要提前告诉他——

射精是男性二次发育中最具代表性的变化。只有充分了解关于射精的知识,儿子才能以积极的心态迎接青春期的到来。既然可以谈到射精,那关于其他变化的对话自然也就不成问题了。

不久前,某电视节目播报了一个韩国演员为他的儿子举办尊重派对的影像。节目上他们称之为"梦遗派对"。关于该节目,虽然有很多观众表示肯定,说非常"新鲜",但也有不少人持否定的观点,表示"荒诞无稽"。看到这些消极的反应,我希望我们的社会能再多一些包容。

还有些妈妈说,自己错过了在孩子的青春期给他办尊重派对的机会,觉得非常可惜。在这里我向大家提个小建议。您可以在儿子结婚前一天为他举办尊重派对——

"明天你就要成为别人的丈夫了,今天是你作为儿子的最后一天,妈妈想给你补办一个青春期没能为你举办的尊重派对。有你这个儿子,妈妈真的很幸福。现在你也长大成人了,妈妈也是大人,让我们像大人一样平等地对话,永远开心幸福吧。"